AF220615

1

Bibliografische Information der Deutschen Nationalbibliothek: Die Deutsche Nationalbibliothek verzeichnet diese Publikation in der Deutschen Nationalbibliografie; detaillierte bibliografische Daten sind im Internet über www.dnb.de abrufbar.

© 2016/2020 by Helmut Wichlatz
Herstellung und Verlag:
BoD –Books on Demand Norderstedt
ISBN 9783751983020

Inhalt

Vorwort

Die folgenden Texte entstanden zwischen 2011 und 2015 für das Mönchengladbacher GURU-Magazin. Einmal im Monat konnte ich mir über was auch immer meine Gedanken machen und das Ergebnis abliefern. Das konnten mal kleine Erlebnisse des Lebens sein oder auch Gedanken zu Entwicklungen in der Gesellschaft. Tatsächlich waren es oft banale Beobachtungen oder Szenen, die sich wirklich so abgespielt haben. Ab und zu ist auch meine Fantasie mit mir durchgegangen oder der alltägliche Wahnsinn in Deutschland zwang mich zu reagieren. So entstand diese Sammlung von Texten, die ich Ihnen nicht vorenthalten möchte. Ende 2015 habe ich dann nach fast vier Jahren eine kreative Pause eingelegt.

Ein Jahr später habe ich Pause von der kreativen Pause gemacht und so ist es nicht verwunderlich, dass inzwischen mit „Achtung, freilaufender Menschenfreund" bereits ein zweiter Band vorliegt.

Oktober 2011:
Michael Jackson und der
BMI für Senioren

Man merkt ja meistens erst, dass man alt wird, wenn man seinen Kindern Vorschriften macht, die man selbst früher als „spießig" und auf jeden Fall „ungerecht" empfunden hätte. Einer dieser Sätze, die den Dinosaurier outen, ist „Mach doch endlich die Musik leiser". Richtig übel ist das nachgesetzte „Das ist ja kaum auszuhalten". Und ich muss zugeben, dass mir diese absolut entlarvenden Entgleisungen in letzter Zeit häufiger passieren. Opfer ist mein Sohn. Vielmehr Michael Jackson. Denn den vergöttert mein Spross seit dem Moment, als auf den Nachrichtensendern das Laufband durchs Bild lief, auf dem der Tod des King of Pop mitgeteilt wurde. Als ob jemand einen Schalter umgelegt hätte, mutierte mein Sohnemann augenblicklich zum größten Jacko-Fan aller Zeiten. Und er ist es seitdem geblieben. Wer hätte denn auch ahnen können, dass der weißeste Schwarze der Musikgeschichte neben seinem ohnehin riesigen Fundus an Hits noch nach seinem Tode so viele CDs veröffentlichen und damit das Konfliktpotenzial zwischen mir und meinem Stammhalter so sehr vergrößern würde. Eben! Jetzt steh ich da und ein toter Musiker, den ich mein Leben lang gemieden habe wie die Pest, führt mir vor Augen, dass ich unweigerlich ein „alter Sack" werde. Und zu allem Überfluss ertappe ich mich auch noch dabei, Melodien wie „Beat it" oder „Billy Jean" zu summen. Dabei war mein Plan ein ganz anderer gewesen. Ich hatte mir vorgenommen, meinen Sprössling beizeiten behutsam und kompetent in die Klangwelten der Ramones, der Toten Hosen oder anderer Stromgitarrenhelden einzuführen. Aber die bezeichnet mein Kleiner ja nun aufgrund seines eigenen musikalischen Empfindens größtenteils als „den Krach, den

Papa immer hört". Na danke. Einen weiteren Stoß in Richtung alter Sack verpasste mir meine Tochter neulich am Telefon. Sie hatte extra angerufen, um mir mitzuteilen, dass mein Bauchauflieger, den ich gerne liebevoll als Partyfass bezeichne, kein Grund zur Beunruhigung sei. Denn, so erklärte sie mir zuckersüß, für Menschen in meinem Alter würde schließlich ein ganz anderer Body-Mass-Index gelten. Ältere Männer wie ich müssten quasi aus Gründen des Selbsterhalts mehr Fett einlagern, um dem unaufhörlichen Verfall nicht schutzlos gegenüber zu stehen. Außerdem würde der Bauch super zu meinen grauen Haaren passen. Na prima, danke auch! Dass ich ihren nachgeschobenen Wunsch nach kurzfristiger finanzieller Unterstützung geflissentlich überhört habe, mag an meinem Alter liegen. Man hört halt etwas schlechter als alter Sack.

November 2011:
Von Jochen lernen heißt siegen lernen

Ich habe vier Schwager, einer bekloppter als der andere. Am liebsten ist mir aber Jochen, der jüngste Bruder meiner Frau. Er hat das Down-Syndrom und ist an sich ein ganz pfiffiger Kerl, wenn es drauf ankommt. Über Fuß-ball, „Damen" und Bay Watch kann man mit ihm immer ein kultiviertes Gespräch führen und darüber hinaus schenkt er mir regelmäßig ein unaufgefordertes und sehr ehrliches „Du bist der Beste" sowie eine damit einhergehende sehr männliche Umarmung, die auch David Haselnuss himself nicht besser hinbekommen hätte. Irgendwann habe ich mal für mich beschlossen, dass er mich nicht verarschen will und es durchaus ernst meint. Trotzdem denke ich mir oft, dass der Kerl es faustdick hinter den Ohren hat. So hat er zum Beispiel den Mut und geht mit Alltagsproblemen wie der Angst vor Kontrollverlust und Blamage sehr pragmatisch und beneidenswert offensiv um. Ein Beispiel: Wir haben uns mit den letzten warmen Sonnenstrahlen des Herbstes bei Schwiegervater im Garten zum Grillen zusammengerottet. Jochen sitzt schon mit nacktem Oberkörper am Tisch und zerlegt mit chirurgischer Präzision und in Slow Motion sein Würstchen, ganz zufrieden mit sich im hier und jetzt und überhaupt. Da betritt eine Freundin meines Schwiegervaters die Szene und hat, wie es sich in der Generation als ordentlicher Gast gehört, ein schön verpacktes Geschenk dabei. Für die Pflege dieser Tradition habe ich früher meine an sich ziemlich nervige Tante geliebt, aber ich schweife ab. Und das wäre schade, denn jetzt wird es lehrreich. Jochen sieht aus dem Augenwinkel die optische Information „Geschenk". Er schmeißt den Riemen an und es rattert in seinem Kopf. Was soll das? Er spielt schnell alle Möglichkeiten inklusive Bay Watch und Weihnachten durch, die die Information „Geschenk" beinhalten könnte – ohne Erfolg. Kurz macht sich Ratlosigkeit breit. Jetzt wird es ihm zu bunt. Beherzt steht er auf, nimmt die Besucherin charmant in den Arm und sagt strahlend: „Herzlichen Glückwunsch zum Geburtstag, mein Schatz!" Punktlandung, gewonnen, Jackpot. Die Dame freut sich von ganzem Herzen und vor Freude gurrend ob dieser Begrüßung, Jochen bekommt ein Küsschen auf die Backe und kann sich wieder hinsetzen, um die Operation am offenen Würstchen akribisch fortzusetzen, als sei nichts geschehen. Schließlich hat er in seiner Welt aufgeräumt und alles so zugeordnet, dass er es versteht. In solchen Momenten bin ich ziemlich beeindruckt von meinem Schwager und nehme mir vor, mir öfter mal ein Beispiel an ihm zu nehmen. Aber meistens traue ich mich nicht, wenn es drauf ankommt. Und das, wo ich doch „der Beste" bin.

Dezember 2011:
Weihnachten? Nein danke!

In diesem Jahr muss es einfach mal sein: Ich werde – obwohl Dezember ist und alles danach lechzt – nichts Gutes über Weihnachten schreiben. Ich werde diese Zeilen all jenen widmen, die das Fest der Liebe eher als störend empfinden und am liebsten gleich zu Silvester und dann ins neue Jahr übergehen würden. Wie den Karnevalisten, die sich gerade mal warmgeschunkelt haben und nun schon wieder die Pappnase wegpacken, zwangspausieren und den dreisten Helferlein des Weihnachtsmannes überall auf den Marktplätzen und in den Köpfen der Menschen Platz machen müssen. Oder den Fußballfans, die vor allem dem Christkind die Winterpause richtig übel nehmen. Und das sind nur zwei stellvertretend für viele andere Gruppen!

Dabei startet ja jeder Mensch sehr unbefangen in die Welt der Weihnacht. Als kleines Kind freute ich mich über die Geschenke und den leckeren Geruch. Dann wurde mir die damals schon abenteuerliche These aufgetischt, dass da ein rotgewandeter Bartträger in einem fliegenden Schlitten das ganze Jahr nichts Besseres zu tun hat, als mir und den anderen Milliarden Menschen auf der Welt Geschenke zu machen. Um den Fluss an Geschenken nicht zu gefährden, beschloss ich, das auch zu glauben. Zwangsläufig folgte daraus aber die Frage, weshalb ich selbst irgendwelchen Firlefanz basteln sollte, anstatt wie die anderen auf den fliegenden Geschenke-Bartmann zu setzen. Dann stellte ich fest, dass der Weihnachtsmann wie Opa roch oder aber deshalb lallte, weil Onkel Kurt mal wieder einen über den Durst getrunken hat. Einmal ist der dann samt Geschenkesack und laut grölend in den Weihnachtsbaum gefallen. Spätestens ab dem

Moment war Essig mit dem Zauber der Weihnacht. Zumindest war das bei mir so.

Ich habe zum Glück aber meine liebe Familie. Sie lässt mich jedes Jahr erneut die Weihnachtszeit überstehen, indem sie mich durch die Gegend hetzt und teilweise unmögliche Dinge verlangt. So habe ich zum Beispiel vor zwei Jahren den riesigen Weihnachtsbaum mit einem Faden Industriegarn an der Decke festgemacht, weil sein unförmiger Stamm nirgendwo hineinpasste. Einen Zentimeter über dem Boden schwebend und bepackt mit Unmengen glitzernder und auch noch schwerer Sachen hat er tatsächlich bis in den Januar hinein gehalten. Dass ich überhaupt noch einen bekommen hatte, war angesichts der „Auf den letzten Drücker"-Taktik, die wir in Sachen Weihnachten verfolgen, schon ein kleines Wunder. Ebenso weiß mein Sohn nicht, wie haarscharf er an einer Grundausstattung von Hello Kitty vorbeigekommen ist, als meine Göttergattin immerhin schon einen Tag vor Heiligabend auf die glorreiche Idee kam, endlich die Geschenke für unseren jungen Jedi-Krieger zu kaufen und dann im Fachhandel durch leergefegte Regalreihen schlich. Ein anderes Mal hatte ich meine grippekranke Gattin vorsorglich mit einer großzügigen Mischung aus Medizin und Glühwein dermaßen ruhiggestellt, dass sie Heiligabend selig schnarchend auf dem Sofa zubrachte und sich am nächsten Tag an nichts mehr erinnern konnte. Unvergessen auch die signalrote Stoppersocke meines Sohnes, die den Abfluss der Waschmaschine gerade in dem Moment verstopfte, als das Glöckchen zur Bescherung ins Wohnzimmer rief. Die Maschine hatte ich selber angestellt. So jagen sich Katastrophen und Missgeschicke und machen eigentlich jedes Weihnachten zu einem unvergesslichen Fest. Mal sehen, was uns in diesem Jahr widerfährt. Und eigentlich freue ich mich sogar darauf. Aber das gebe ich nicht zu …

Januar 2012:
Von aufblasbaren Schwimmtieren und dem neuen „Wir-Gefühl 2012"

Na endlich, 2011 wird schon bald in der Restmülltonne der Zeit verschwunden sein. Seine Nachwirkungen müssen dies jedoch auch noch. Vornehmlich die Pfunde, die ich mir in der Adventszeit anfuttern musste, um meinen Mitmenschen eine Freude zu machen. Man kennt das ja: Plätzchen hier, gefülltes totes Geflügel dort - und alles schwimmt in dicker brauner Soße oder ist mit Schokolade überzogen. Die Köche und Plätzchenbäcker nötigen einem ihre Delikatessen auf und brechen in weihnachtliche Depressionen aus, wenn man dankend ablehnt. Sie kennen mich, ich bin ein Menschenfreund. Und als solcher kann man nicht oder nur an den falschen Stellen „nein!" sagen. Wer kann das schon? Ich habe mich also seit Sankt Martin gut geschlagen und mein Tellerchen stets leergegessen, und das mehr als einmal. Anschließend habe ich meiner Gattin angesichts leerer Töpfe und Schüsseln gerne kameradschaftlich auf die Schultern geklopft und betont, dass „wir" das doch wieder gut hinbekommen hätten. Anfängliches Lob wich schnell einem genervten Augenrollen. Denn das Ergebnis meiner aufopfernden Taten steht mir nicht so gut, meint meine Frau. Und sie weist bei jeder sich bietenden Gelegenheit darauf hin. Zur Untermauerung ihrer Kritik zeigt sie mir in der Stadt jetzt öfter die Kleidungsständer, an denen Sachen hängen, die mehr „X" als „L" sind und irgendwie an Schwangerschaftskleidung erinnern. Da ist sie so konsequent wie alle Frauen. Das Thema, das sie neuerdings beschäftigt, ist allgegenwärtig. Und damit sie dabei nicht so alleine ist, drängt sie es in mein Leben, mein Denken, meinen Alltag. Kurz: Sie redet mich dick! Der stete Tropfen, der den Speckstein höhlt. Kein noch so belangloser Dialog kommt jetzt ohne eine Anspielung auf schwere

Jungs oder ein dickes Fell aus, welches ich mir zulegen sollte, weil ja schwere Zeiten auf mich zukommen. Aber immerhin würde so klar, dass ich kein Leichtgewicht bin, an dem man so schnell nicht vorbei kommt. Wussten Sie, wie viele Versionen des Themas „Mein Mann ist zu dick" in einen normalen Tagesablauf passen? Ich auch nicht, und ich will es auch nicht erfahren. Mag sogar sein, dass sie Recht hat. Meine Jeans können ja nicht von heute auf morgen eingelaufen sein.

Also hat meine Gattin beschlossen, dass „wir" erst einmal gesund leben und auf überflüssige Kalorien verzichten werden. Damit „wir" ihr nicht ständig mit dem üblichen „Bin ich zu dick? Die Hose kneift! Wo hast du den Rest vom Braten versteckt?" in den Ohren liegen. Schließlich, so erklärte sie mir, müsse man mit dem Kampf gegen die bösen Kalorien so früh wie möglich beginnen, damit „wir" in der bunten Sommerhose nicht aussehen wie eines dieser aufblasbaren Schwimmtiere, welche sie durchaus süß findet. Dass sich die bösen Kalorien ihrer Meinung nach neben dem Essen auch im Bier befinden, war mir nicht so klar, als ich vollmundig einwilligte und sogar noch großspurig ein Etappenziel in nicht allzu ferner Zukunft für „unsere" sichtbaren Erfolge proklamierte. Ab und zu sollte man wirklich zuerst die Klappe halten und in sich gehen, bevor man große Töne spuckt. Jetzt habe ich den Salat. Und das im wahrsten Sinne des Wortes. Scheinbar ist meiner Holden völlig egal, dass „wir" eine Mindestmenge an Kalorienzufuhr brauchen, um kräftig und angriffslustig zu bleiben. Schließlich will die Sippe vor Gefahren wie tollwütigen Mammuts oder marodierenden Säbelzahntigern beschützt werden. Und wer nimmt sich schwerer Einkäufe wie dem Kasten Bier nun an, wenn „wir" durch gesundes Essen schwächeln. Meine Holde meint, dass „wir" ja wegen der bösen Kalorien, die sich darin verstecken, auf absehbare Zeit kein Bier in

Kästen mehr zu schleppen brauchen. Vor meinem inneren Auge sehe ich dann ein aufblasbares buntes Schwimmtier, das zufrieden mit einer eiskalten Flasche Bier auf einem Baggersee dümpelt und an dem sich nette und ungeübte Schwimmerinnen festhalten. Vielleicht sollten „wir" die Diät ohne mich machen …

Februar 2012:
Von Farben, Formen und
dem Lego-Stecksystem

Im Internet fand ich neulich ein Schaubild, das mich tatsächlich außerplanmäßig zum Denken angeregt und letztendlich dazu beigetragen hat, dass mir bestimmte Zusammenhänge im teilweise problematischen Umgang von Mann und Frau klar geworden sind. Bis dahin vertrat ich folgende Meinung: Man kann davon ausgehen, dass es sich bei Mann und Frau um zwei völlig verschiedene Betriebssysteme handelt, die sich aber irgendwie ergänzen. Dabei war ich von einer Art Lego-Stecksystem ausgegangen, wobei die Betonung nicht zwangsläufig auf dem „Steck-" liegt. Doch die Sache geht viel tiefer. Wer sich ein wenig auskennt, weiß, was ich meine: Versuchen Sie mal, einen alten Commodore 64 mit einem modernen Hochleistungsrechner zu vernetzen. Das kommt dem Problem zwischen den Geschlechtern sehr nahe. Dabei möchte ich nicht zwangsläufig behaupten, ich sei die Präzisionsmaschine mit einigen Gibabytes an Speicherkapazität, moderner Grafikkarte und allem Schnickschnack. Von meiner Frau möchte ich das allerdings auch nicht.

Zurück zu dem farbenfrohen Internet-Fund: Zu sehen ist eine Farbskala mit rund 50 verschiedenen Farbabstufungen, wie man sie vom Tapeten- oder Farbengeschäft kennt. Darüber steht sinngemäß „Farben, wie Frauen und Männer sie sehen". Auf der linken Seite der Skala stehen dazu auch 50 Farbbezeichnungen, auf der rechten sind es gerade einmal sechs oder sieben. Raten Sie mal, welche die weibliche und welche die männliche Seite darstellen soll. Richtig! Dem unüberschaubaren und verwirrenden Informationsangebot an

15

„rosa", „altrosa", „rosé" und „pink" oder „mint", „khaki", „hell-grün", „petrol", „smaragdgrün" oder „lindgrün" auf der einen Seite steht ein klares „rosa" und „grün" auf der anderen (männlichen) Seite gegenüber. Meine Frau, die ich mit dem Bild und meiner vermeintlichen Überlegenheit umgehend konfrontierte, meinte dazu tröstend, dass das nicht schlimm sei. Schließlich würde den Männern ja eine gewisse Farbwahrnehmung durchaus unterstellt. Dadurch, so folgerte sie haarscharf, sei man als Mann doch schon weit über dem Hund angesiedelt, welcher bekanntermaßen die Welt in Schwarzweiß wahrnimmt. Da meine Frau durchaus als eloquent zu bezeichnen ist, erklärte sie mir ohne Luft zu holen, dass das von der Evolution und der jagdgesteuerten Wahrnehmung des Mannes herrühre und wir deshalb auch nichts dafür könnten. „Du fokussierst eben anders", lautete ihre tröstliche Erklärung. Aha.

Sie kennen mich, ich bin ein Menschenfreund. Deshalb habe ich ihr das auch gerne durchgehen lassen und hätte es beinahe vergessen, wenn wir nicht am gleichen Abend gemeinsam eine Nachrichtensendung im Fernsehen angeschaut hätten. Ich schätze diese sehr, weil die Moderatorin klasse aussieht und sehr beeindruckende … sagen wir „physische Merkmale" aufweist. Deshalb bin ich auch immer ganz gebannt bei der Sache. Nach den Nachrichten fragte mich meine Gattin dann aber, wie ich denn die Nachricht über unseren Bundespräsidenten und seine derzeitigen Eskapaden beurteilen würde. Fragend schaute ich sie an, denn ich hatte nicht die leiseste Ahnung, wovon sie redete. Meine Gattin lächelte daraufhin nachsichtig und erwähnte eben jene „Fokussierung" noch einmal. Denn während ich meinen Fokus allem Anschein nach ganz auf die Moderatorin gelegt hatte, hatte sie den Lauftext am unteren Bildrand gelesen. Schließlich fragte sie mich, weshalb der mir denn nicht aufgefallen sei, wo ich doch „mit großen Augen" auf den Bildschirm

gestarrt hatte. Da wusste ich dann außer einem wenig überzeugen-
den „grün!" auch nichts drauf zu sagen.

März 2012:
Darf's auch ein wenig viel mehr sein?

„Und sonst? Zu Hause alles in Ordnung?" Diese Frage, mit der die Fachverkäuferin in der Metzgerei meiner Wahl den Kaufakt mit der Dame vor mir beendet, macht mir Angst. Zurecht, denn besagte Dame stellt die Einkaufstasche neben ihren Füßen ab und beugt sich dann bedrohlich konspirativ halb über die Theke. Was nun folgt, ist ein Beispiel für diskrete Kommunikation: Die Kundin flüstert Informationen in Richtung der Fachverkäuferin, die währenddessen mich im Blick behält, ob ich denn versuche, diese Informationen unerlaubterweise mitzuhören. Schließlich ist das ja privat. Sie kennen mich, ich bin ein Menschenfreund. Also sehe ich mich gezwungen, nach kurzem freundlichem Lächeln ostentativ so zu tun, als ob ich rein zufällig in der Metzgerei wäre und auf gar keinen Fall etwas von dem mitbekommen möchte, was da nun über die Ladentheke geht. Damit mir und der Dame hinter mir aber trotzdem nichts von dem entgeht, was die Dame vor mir an Informationen über ihre Familie und die Nachbarschaft zu verkünden hat, wiederholt die kundenfreundliche Fachverkaufskraft einfach das Gesagte in seinen Kernbotschaften so laut, dass es auch wirklich nicht überhört werden kann. In der Praxis geht das dann in etwa so: „Wispertuschelmurmel", sendet die Kundin vor mir aus. „Nein! Ein Al-Ko-Hol-Pro-Blem!! Na, das ist ja allerhand! .. Nee, alles versoffen? Das ganze Ersparte? .. Ach je, Füh-Rer-Schein abgegeben?", fasst die Wurstfachverkaufskraft gleich gewissenhaft und vor allem gut hörbar zusammen. Nicht nur die Kundin hinter mir, auch ich selbst bin dafür tatsächlich dankbar. Wenn ich hier schon meine Zeit vertrödeln muss mit dem Knies der anderen, will ich wenigstens bei meiner Gattin was zum Erzählen haben. Flankiert werden diese Informationen, die für niemanden besonderen bestimmt zu sein scheinen, aber mit Blicken in meine und in die Richtung der Dame hinter mir, welche ausdrücklich warnen und zu sagen scheinen: „Wenn du jetzt zuhörst, dann kann ich nicht für deine Unversehrtheit garantieren. Also passop, du!" Nun ist es erneut an mir, möglichst teilnahmslos und unschuldig zu schauen und meine Arglosigkeit durch ein Lächeln zu unterstreichen. Das nimmt die Wurstwarenkommunikationsfachwirtin zufrieden zur Kenntnis und widmet sich wieder ihrer Informantin, die gerade über die Treue ihres Schwagers spekuliert, der „spitz ist wie Nachbars Lumpi". Das ist jetzt aber zu intim, weshalb die Fleischdame meines Vertrauens dies auch nur mit einem „Ooh" und gleichzeitig vor den Mund gehaltener Hand quittiert. Geübte Belauscher können dem sofort entnehmen, dass es jetzt schmuddelig wird, ohne wissen zu müssen weshalb. „Schwager", „Lumpi" und „Ooooh" nebst dieser Geste müssen reichen – den Rest kann die Fantasie übernehmen, wofür hat man die sonst? Nachdem sie noch kurz die Nachbarn zur linken zwischen hatten, wird der Informationsvorgang für beendet erklärt. Die Dame vor mir nimmt ihre Tasche, grinst mir zu und zieht begleitet von einem „Ja, tschö bis morgen, ne?" ab. Jetzt bin ich dran. Nachdem „lecker Mett, janz frisch" in meiner Tasche verschwunden ist, kommt endlich die Frage, die auch mir den Morgen versüßt: „Und sonst? Zu Hause alles in Ordnung?" Mit einem bösartigen Blick nach hinten lasse ich die Einkaufstasche sinken und beuge mich langsam und böse lächelnd über die Theke. The show must go on …

April 2012:
Frühling ist, wenn …

Ja, was ist es, das in uns die Erkenntnis durchsickern lässt, dass die Natur sich wieder einmal durchgerungen hat und von Winter auf Frühling umstellt? Mal abgesehen vom Kalender und der Zeitumstellung (Zeiger vor oder zurück?) hat jeder seinen eigenen Sensor. Die Mutation erfolgt eher unterbewusst und löst völlig unwinterliche Verhaltensmuster aus. Das bringt dadurch, weil es ja alle irgendwie betrifft, das vorher über den Winter eingeübte und eigentlich gut funktionierende Miteinander zuerst einmal durcheinander. Für einige ist es das Kribbeln in der Hose, wenn wieder allenthalben die knappen Textilien der weiblichen Sommergarderobe präsentiert werden. Diese armen Leute – zumeist Männer – sind Marionetten im teuflischen Zusammenspiel von Wettervorhersage und Schnäppchenständer im Kaufhaus. Andere kaufen kiloweise Frauenmagazine wegen der vielen leckeren Abnehm-Rezepte à la „Lecker abnehmen mit Rezepten". Wieder andere läuten den Frühling mit einer rituellen Fliegenjagd am Frühstückstisch ein und ärgern sich dann konsequent den ganzen Sommer über die Scheißviecher. Es gibt da ja die absonderlichsten Angewohnheiten, die man nur mit äußerstem Wohlwollen wenigstens ein bisschen nachvollziehen kann. Aber der Mensch an sich neigt ja zum Seltsamsein.

Sie wissen aus meinen bisherigen Berichten, dass ich mich durchaus und eigentlich auch zu Recht zu den Menschenfreunden zähle. Aber wenn Frühling über den Hirnen wabert, habe auch ich – wie könnte es anders sein – meine kleine Marotte: Ich gehe auf einmal betont breitbeinig und spreize meine Arme vom Oberkörper ab, als würde ich Rasierklingen in einen Hochsicherheitstrakt schmuggeln. Das sieht ziemlich bescheuert aus, das weiß ich. Und ich nehme mich auch sehr zurück. Aber kaum kommt mir im Supermarkt ein Alters- und Geschlechtsgenosse entgegen, der auch noch an demselben Symptom leidet, fahre ich links und rechts meine Extensions aus und komme daher wie einer dieser Kampfroboter, die mein Sohn gerne mal zusammenbaut. Unweigerlich kommt es dann zur Kollision, wenn nicht einer zuvor düster blickend abdreht oder den höflichen Schritt zur Seite macht. Was aber selten vorkommt. Da wir beide als gestandene Silberrücken wissen, dass ein garstiger Austausch von Schimpfwörtern, Drohungen und Tätlichkeiten nicht wirklich zielführend ist, geht das Ganze meist harmlos aus und wir ziehen weiter mit dem Wissen, dass wir es uns gegenseitig aber so richtig gezeigt haben oder hätten können oder wie auch immer. Das erinnert stark an einen Primaten, das ist mir schon klar. Und es geht ja auch schnell vorüber. Bis dahin darf ich nur noch in Begleitung meiner Gattin zu den Fußballspielen meines Sohnes. Denn am für die E-Jugend kompatiblen Spielfeldrand treffen sich die Mit-Primaten zum fröhlichen Zähnefletschen und Gebärdenproduzieren. Wenn ich nicht so sehr damit beschäftigt wäre, es ihnen gleich zu tun, könnte mich das köstlich amüsieren. Unterstützt wird das Ganze noch von der Tatsache, dass auf einem ordentlich geführten Dorfsportplatz „für das leibliche Wohl gesorgt ist“, was heißt, dass mancher schon gegen elf ordentlich einen im Kahn hat. Erfahrungsgemäß dauert das rund einen Monat, sagt meine Frau, dann seien alle wieder „handzahm“ und ich kann wieder alleine zu den Spielen. Find ich prima. Denn bei den Wetterprognosen für die nächsten Wochen verheißt das wieder Textilschau vom Feinsten.

Mai 2012:
„Was wäre wenn" für Fortgeschrittene

Neulich führte ich mit meiner geliebten Gattin eine Diskussion, die eigentlich nachdenklich stimmen sollte. Denn es ging um nicht viel weniger als die moralische Schuld, die mich träfe, wenn ich tatsächlich das täte, was mir vorgeschlagen wurde zu tun in dem Falle, dass in unbestimmter Zukunft ein Ereignis eintreten würde, von dem jeder weiß, dass es unweigerlich eintritt und nach dessen Eintreten meine Frau, die die Vorwürfe macht, eh nichts mehr dagegen tun könnte, wenn ich, der ich die Vorwürfe abbekomme, nicht oder doch so handeln würde, wie es mir vorgeschlagen wurde. Sie können mir noch folgen? Gut. Wenn nicht, dann hier das ganze Dilemma in Kurzform: Meine Gattin hatte neulich erfahren, dass eine Bekannte kurz nach dem Ableben ihres Gatten neu geheiratet hatte. Diese Information war – wie konnte es anders sein – der Ausgangspunkt einer Diskussion, die so nie hätte stattfinden dürfen. Da Sie mich als äußerst großzügigen Menschenfreund kennen, lasse ich Sie trotzdem gerne in Auszügen teilhaben.

Wir befinden uns im ersten und trotzdem alles entscheidenden Satz dieses spannungsgeladenen Matchs.

„Sag mal, würdest du auch wieder heiraten, wenn ich vor dir sterben würde?"

„Aber nein, Schatz, niemals!"

„Ich will aber, dass du glücklich bist. Deshalb solltest du dir eine neue Frau suchen."

„Jetzt sofort?"

„Nein, du Blödmann, wenn ich tot bin!"

„Ach so, okay, geht klar."

„Wie?"

„Wie wie?"

„Ja, einfach so? *Okay, geht klar*?! Das soll's gewesen sein?"

„Ja was denn noch? Dir kann es doch egal sein, wenn du tot bist."

„Ist es aber vielleicht nicht!"

„Das merke ich gerade."

„Schön, dass du auch mal was merkst. Wie kannst du so belanglos darüber reden, dir eine neue Frau zu suchen?"

„Wenn ich mich recht entsinne, hast du mit dem Thema angefangen. Ich will keine neue Frau."

„Ach, und wieso verrenkst du dir jedes Mal den Hals, wenn wir zusammen durch die Stadt gehen?"

„Reiner Reflex."

„Reflex, soso. Und dann lachst du dir eben eine Neue an, wenn ich tot bin …"

„Ja, weil DU mich eben dazu aufgefordert hast!"

„Habe ich nicht! Ich habe dir die Erlaubnis gegeben, dich neu zu verlieben."

„Ach ja, und wenn ich nicht will?"

„Als ob du mal nicht wollen würdest, lachhaft."

„Also hör mal, wenn du erst einmal tot bist …"

„WAS?? Du kannst meinen Tod wohl kaum abwarten!"

„Doch, kann ich!"

„Das ist ja noch schlimmer! Mein Mann spekuliert auf meinen Tod! Wie sollte deine Neue denn dann sein?"

„Stumm!"

„Das sieht dir ähnlich: Bloß nicht zuhören müssen, bloß keine Anteilnahme zeigen, bloß nicht …"

„Okay, okay, dann sterbe ich eben vor dir! Zufrieden?"

„Von wegen, das könnte dir so passen!"

„Ja, könnte es. Und du könntest dir dann einen neuen Mann suchen, einen, der dich versteht!"

„Ach so ist das, du willst mich loswerden…?!"

„Arrrrgghhh!"

Es gibt Momente, da wünsche ich mir einen Hund. Einen mit ganz schwacher Blase, der immer zur richtigen Zeit raus muss.

Juni 2012:
Über verbranntes Fleisch und Abfallprodukte aus der Weltraumforschung

Nachdem wir die kalte Sophie – im Rheinland ist ja eher eine „Soffie" – erfolgreich hinter uns gelassen haben, steuern wir unweigerlich auf die Grillsaison zu. Die Supermärkte werden vollgestopft mit wundersamen Würsten und eingelegten Rippchen, die grauslich anfangen zu stinken, sobald sie mit Hitze und Glut oder einfach nur Sauerstoff in Berührung kommen. In den Männern weckt in Aussicht auf das Verbrennen von fleischartigen Produkten an der frischen Luft die Sehnsucht nach einem neuen Grill. Die gibt es schon seit Wochen überall da zu bestaunen, wo Männer gerne einkaufen gehen: im Baumarkt, an der Tankstelle und sogar am Büdchen. Wurde dort bisher über Fußball („Alles Pfeifen"), Politik („Alles Idioten") oder weibliche B-Promis („Alles Silikon") debattiert, ändert sich das Themenangebot schlagartig hin zu „Alles Grillen". Man erfährt, wer sich welchen topmodernen Grill gekauft hat, der als direktes Resultat der Weltraumforschung angesehen werden kann, und was er darauf bis zur Unkenntlichkeit ankokeln und verbrennen lassen will. Das tun die Grillmeister ja selten alleine, was wiederum zur Folge hat, dass man in den nächsten Monaten öfter gezwungen sein wird, sich mit Menschen rund um einen stinkenden und qualmenden Grill zusammenzurotten. Einladungen zum Grillen abzulehnen kommt einem Schlag mit dem Lederhandschuh ins Gesicht gleich, weshalb das natürlich tunlichst vermieden wird.

Und so kam, was kommen musste: die erste Einladung zu einem „ungezwungenen Grillen" in der Nachbarschaft. An sich war das noch nicht gefährlich. Ich kaufte pflichtbewusst eine Kiste Bier und meine Gattin fabrizierte einen sommerlichen Salat für die Damen.

Die halten sich nämlich gerne zurück, wenn es um den Verzehr des verbrannten Fleischs geht. Ein Beleg dafür, dass sie ihren männlichen Gegenstücken oftmals haushoch überlegen sind.

Die Gespräche beim Grillen unterscheiden sich nur unwesentlich von denen am Büdchen, also „Pfeifen, Idioten, Silikon" und Prosit. Das sind die Abende, an denen ich bedauere, dem Konsum von Drogen schon vor Jahren erfolgreich abgeschworen zu haben. Vielleicht sollte man tatsächlich immer eine Notfallration irgendeiner Substanz mit sich führen, um sich noch rechtzeitig in nur einem selbst zugängliche Sphären zu flüchten, sobald der Input seitens der grillenden und mampfenden Mitmenschen einfach Überhandnimmt. Da Sie mich aber als Menschenfreund kennen, setzte ich mein „Erzählmirallesunddasmöglichstgenau"-Gesicht auf und schaltete auf Durchzug. Das erwies sich jedoch diesmal als großer Fehler. Denn während ich noch verstehend, offen und positiv dreinschaute, ohne zuzuhören, tappte ich in die Falle: die unweigerliche Gegeneinladung meinerseits, die mir rhetorisch geschickt aufgedrängt wurde. Als ich vom Mental-Sparmodus wieder auf volle Aufnahme umgeschaltet hatte, war es zu spät und das nächste Grillen war abgemacht. Also werde ich mich in den nächsten Tagen auf den Weg machen und mir eines dieser transportablen Feuergestelle und eine Notfallration von irgendwas besorgen müssen. Kennt eigentlich jemand einen vertrauenswürdigen Dealer?

Juli 2012:
Über den Spagat zwischen
Volksverdummung und
Lernmotivierung

Ich neige ja nicht unbedingt zur TV-Abstinenz. Im Gegenteil. Denn man muss ja nur bis nach Null Uhr durchhalten, wenn man auf den gebührenpflichtigen Sendern ein wenig gehaltvoller beschallt und beflimmert werden will. Genau aus diesem Grund meide ich gerade samstags den familieneigenen Flimmerkasten wie der Teufel das Weihwasser.

Grund dafür ist neben den unzähligen Wiederholungen einstmals interessanter Spielfilme vor allem dieser unerträgliche Vollpfosten mit den 72 Porzellanzähnen, der zu bester Sendezeit seine Event-Kreationen unter das glotzende Volk bringen darf. Dieser Mensch schreckt vor nichts zurück, nicht einmal vor der Übertragung des europäischen Songcontest aus einer der letzten Menschen verachtenden Diktaturen Europas.

Neulich wurde ich leider Zeuge einer seiner erfolgreichen Event-Inszenierungen, bei der eine Horde abgetakelter D-Promis mit deutschen Kleinwagen aufeinander losgelassen wird, um einen überdimensionalen Ball unter größtmöglichem Blechschaden ins gegnerische Tor zu schaffen. Sie wissen, was und wen ich meine!

Glauben Sie mir, ich konnte nichts dafür. Mein Sohn hatte leider eine respektable schulische Leistung in einem seiner Zitterfächer hingelegt und durfte sich deshalb etwas wünschen. Und was macht er? Genau!

Da Sie mich mittlerweile als einen bekennenden und praktizierenden Menschenfreund kennen, willigte ich sehr zum Leidwesen meiner Gemahlin ein und fand mich dann zu bester Sendezeit mit der sogenannten Auto-Fußball-Europameisterschaft auf einem dieser

27

Null-IQ-Sender konfrontiert. Und ich fragte mich nicht zum ersten Mal, ob eine Gesellschaft, die so etwas zulässt, wirklich das ist, was ich mir für die Zukunft meiner Kinder wünsche. Ich starrte also auf diesen selbstgefälligen Grinsemann und hörte die Kommentare zu diesem Schwachsinn, während Meister Multizahn und ehemals fast erfolgreiche Sangesdeppen in Autos aufeinander losbrausten, die Sie und ich gerne in der Garage stehen hätten. Am schlimmsten war der Gröhlemob auf den Tribünen, dem der Geifer aus den Lefzen sabberte, während unten wertvolles Blech zerdeppert wurde. Und am Ende gewann auch noch Italien! Prost Mahlzeit.

Die Alternativen hatten es aber auch in sich: Auf einem anderen Privaten verzockte ein „Student" auf der Jagd nach der Million bei der Tausend-Euro-Frage bereits alle Joker und sonstigen Hilfsmittel, um herauszubekommen, wie denn wohl der ehemalige deutsche Eishockey-Trainer hieß. Einen Klick weiter torkelten magersüchtige Mädchen über einen Laufsteg, um sich dann von bekennenden Schwulen darüber aufklären zu lassen, wie „die Frau von heute" sich zu bewegen hat, um nicht als alte Jungfer zu enden.

Noch einen Sender weiter durfte eine übergewichtige Langzeitarbeitsverweigerin in Joggingkleidung ihre Deutungen des Lebens zum Besten geben, ohne dass sie dafür eins in die Fresse bekam. Nicht einmal von ihrem bis in die Arschritze tätowierten Lebensgefährten, den sie in minderwertigem Privatdeutsch vor laufender Kamera in die Pfanne haute. Langsam frage ich mich, ob ich wirklich will, dass mein Sohn aus der Schule bessere Noten mitbringt.

August 2012:
Kojote Karls Maschinomanie
und meine Gattin

„Da musst du jetzt aber langsam mal was dran machen." Mit diesen fordernden Worten meiner Gattin begann ein düsteres Kapitel in meinem Leben, das beinahe meinen Rückfall in eine schlimme Sucht eingeläutet hätte. Ich spreche von Maschinomanie, auch Gerätewahn genannt.

Einige von Ihnen werden diese Anfälligkeit für neue revolutionäre Entwicklungen im Warensegment für Heimwerker und Hobbygärtner kennen. Zumeist werden familienerprobte Männer meines Kalibers befallen und kaufen wider besseren Wissens den ganzen Schnickschnack, der sicherlich in den berühmten ACME-Laboren ersonnen wird, aus denen Kojote Karl immer seine Maschinen erhält, mit denen er erfolglos versucht, den Roadrunner zu fangen. Maschinen, die Ärger und Leid über die Welt bringen. Ich spreche von Dremeln, Gartenkrallen und Hochleistungs-Vakuum-Druckschraubern mit stufenlos regelbarem Saugumkehrventil. Sie kennen es sicherlich.

Meine Gattin verlangte also nach Aktion meinerseits angesichts unansehnlicher Dielenbretter, die einmal ordentlich geschliffen und lackiert werden sollten. Menschenfreund, der ich bin, stürzte ich mich mit einem „nichts leichter als das" in den nächsten Baumarkt und in die Arme eines gerissenen Fachverkäufers. Ich hätte stutzig werden sollen, als er auf meine Frage nach kurzer Orientierungshilfe enthusiastisch „Aber hallo!" flötete, sich bei mir unterhakte und zusammen mit mir hinter einer angrenzenden Regalreihe abtauchte. Was folgte war für mich und meinen Geldbeutel ein Debakel. Meine vorgetragene Bitte nach Schmirgelpapier mit einer bestimmten Körnung und einer kleinen Dose Lack beantwortete er mit einem verächtlichen Schnaufen und schon standen wir vor den *Maschinen.* So etwas sei heutzutage Stand der Dinge, erklärte er mir flugs. Ich lernte einiges darüber, welche Strecken ich mit einem dieser Geräte gehobelt, geschmirgelt und anschließend versiegelt bekomme, bevor ich einmal „*so!*" gemacht habe, was er mit einem tatsächlich sehr einfach aussehenden Fingerschnippen untermauerte. Oder ob ich etwa auch zu den Unverbesserlichen gehöre, die sich immer noch den Buckel krumm machten, fragte er rhetorisch und schaute dabei wie zufällig auf die Umstehenden, die selbst ein paar Fragen an ihn hatten. Da überkam mich *dieses Zittern.* Sie können sich denken, was folgte: Ich zog von dannen mit einer Maschine unter dem Arm, die einen Namen hatte wie ein Flugabwehrsystem und lief prompt in die Arme meiner Gattin, die recht ungehalten auf meine neue Errungenschaft reagierte. Dass sie mich nicht am Ohr zurück zum Baumarkt zog, ist ein Wunder. Wenn sie es getan hätte, würde ich es eh nicht schreiben. Auch den anschließenden Dialog zwischen ihr und dem Maschinenaufschwatzer erspare ich uns. Nur so viel: Als wir mit Schmirgelpapier und Lackdose abzogen, raunte er mir kleinlaut nach, ich solle aufhören, meine Gattin mit rohem Fleisch zu füttern.

Einen Teufel werde ich tun …

September 2012:
Berufsziel C-Promi

Neulich wurde ich Zeuge eines Gesprächs, das mich fast in tiefe Verzweiflung gestürzt hätte. Es ging um Berufs-wünsche. Ich stand gerade am Kühlschrank und machte meinen täglichen Qualitätscheck durch wahllose Entnahme von Inhaltsproben, als ich meinen Sohnemann und einen seiner Freunde reden hörte. Der Freund meines Sohnes verriet geradewegs, was er denn einmal werden wolle. Und zwar „Promi". Erst hatte ich gedacht, dass ich mich verhört hätte und fragte nach. Das ergab jedoch, dass es keine akustische Fehlinformation war, der ich da aufgesessen war, sondern dass er es überaus ernst nimmt mit seinem Berufsziel. Promi zu sein, so verriet er mir nämlich, sei ziemlich cool, weil man auf tolle Partys eingeladen wird und ab und zu verreisen darf. Zum Beispiel in den Dschungel, wo man dann nur Würmer und Schaben und solches Zeugs essen müsste oder in Elefantenpipi baden müsste, um am Ende sogar König zu werden. Und König sei ja wohl ein durchaus gutes Berufsziel, weshalb die Promi auf dem Weg dahin eigentlich ideal geeignet sei. Und eklige Sachen machen sei sowieso eines seiner Hobbys. Außerdem, so verriet er mir, bekäme man dann ja tolle „chicas" wie Bonnie Strange oder Kim Gloss ab. Die gehörten beim Berufsbild Promi quasi dazu. Ich ließ die Proben unprobiert in den Kühlschrank zurückgleiten und verzog mich erst einmal, denn ich war sichtlich irritiert. Nicht wegen des Berufswunsches an sich. Schließlich wollte ich im Alter meines Sohnes auch wahlweise Rennfahrer, Frauenarzt oder Rockstar werden. Und in der Liga sehe ich den Berufswunsch „Promi" auch angesiedelt. Allein: Die von ihm ins Feld geführten Namen der sogenannten Promis sagten mir so absolut gar nichts. Ratsuchend wendete ich mich also an meine Gattin, die durchaus als Kennerin der internationalen Promi-Szene bezeichnet werden kann. Ich glaube, sie geht nur regelmäßig zum Arzt, um im Wartezimmer die entsprechende Fachliteratur studieren zu können. Das streitet sie natürlich ab, aber dafür weiß sie wiederum zu viel über all diese Gestalten mit den abenteuerlichen Namen und grauselig aufgespritzten Schlauchbootlippen, die derzeit „Promi" sind. Äußerst weise antwortete meine Frau also, dass es doch reiche, wenn ich noch alles essen darf. Da müsste ich ja nicht zwangsläufig auch noch alles wissen. Trotzdem klärte sie mich dann doch auf, was ein Georgina Fleur, ein Rocco Stark und ein Natasha Ochsenknecht ist. Und was sie prominent macht. Nämlich die Fähigkeit nichts zu können. Bei dem einen reicht es, mit jemandem verheiratet zu sein, den auch normale Menschen irgendwoher kennen. Bei anderen die nicht einmal erfolgreiche Teilnahme an einer Nachwuchstalentsendung oder gar Lebensabschnittsbeziehung von jemandem zu sein, der an einer dieser Sendungen teilgenommen hat. Dann muss nur noch das Pocher sich mal eine witzige Entgleisung auf Kosten des Promis geleistet haben und schon ist man berühmt. Denn dann berichten diese taffen Magazine auf den privaten Fernsehsendern darüber, wie gemein der Witz von diesem Pocher auf Kosten des Promis war.

Oktober 2012:
Der LP3-Player und andere
Errungenschaften der Technik

Wir leben ja schon in einer aufregenden Zeit. Alle Backe lang wird der Markt mit neuen technischen Erfindungen überflutet, die absolut alles immer noch einfacher-schneller-toller-schöner und sonst wie besser machen, Musik und Filme zu konsumieren. Als Mensch, der vor langer Zeit im letzten Jahrtausend das Licht der Welt erblickt hat, fällt es mir schon schwer, da noch Schritt zu halten. Und ich sage es ganz ehrlich: Nicht alles war schlecht damals – bis auf die Mark, die man zahlen musste, wenn man die Videocassette nicht zurückgespult hatte. Und vielleicht den Bandsalat, der sich bei den Lieblingscassetten immer dann einstellte, wenn man jemandem ein ganz spezielles Lied vorspielen wollte. Dafür weiß ich noch heute, in welcher lebenserhaltenden Beziehung ein Bleistift und eine Musikcassette damals standen. Wissen Sie es auch? Das wäre übrigens anstelle des Personalausweises ein guter Test für die nächste Ü-30-Party. Aber das nur am Rande. Auch fehlen mir noch heute das Rauschen und die charakteristischen Kratzer, die das Hören von Langspielplatten zu einem wirklichen Erlebnis machten. Das ist jetzt alles vorbei. Musikstücke heißen heute „Files", und man kann sie online oder mit dem Handy downloaden und auf dem PC bunkern. Man kann – aber will man das auch? Vorbei die Zeiten des gutsortierten Plattenregals, das den ganzen Stolz des musikaffinen jungen Zeitgenossen darstellte und durchaus darüber entscheiden konnte, ob man nun cool war oder uncool. Wobei cool heute an sich ja schon uncool ist. Meinen ersten eigenen IPod habe ich verlegt und finde ihn gar nicht mehr – kein Wunder, denn er ist ja kaum größer als eine Streichholzschachtel …

Zum Glück habe ich ja meine beiden Sonnenscheinchen – Tochter und Sohn – um mich da auf dem Laufenden zu halten. Auf ihre Hilfe kann und muss ich zurückgreifen, wenn es um Fragen der Unterhaltungselektronik geht. Mein Sohnemann ist sogar schon flinker darin, Software auf meinem Computer ans Laufen zu kriegen. Und das mit gerade einmal elf Jahren. Zum Stolz mischt sich immer auch ein gewisses Eingeständnis digitaler Impotenz, aber als praktizierender und dem Neuen durchaus aufgeschlossener Menschenfreund lasse ich mir das nicht anmerken und denke, dass Sie es sicher auch für sich behalten werden.

Neulich war ich mit meinem Sohn bei Oma auf dem Speicher, wo sich viel Haus- und Unrat der letzten Jahrzehnte angesammelt hat. Diesen durchstöberten wir gerade, als ich ihn sah: meinen ersten eigenen Plattenspieler. Tatsächlich hat er Jahrtausendwende und Währungsumstellung nahezu schadlos überstanden. Sogar eine Single von den Sex Pistols („Pretty vakant") lag noch auf dem Teller. Endlich konnte ich mal so richtig auftrumpfen und fragte meinen Stammhalter, ob er denn wisse, was das ist. Zuerst schaute er mich mitleidig an, dann antwortete er. „Natürlich, das ist ein LP3-Player, aber die sind aus der Mode gekommen. Trotzdem ganz niedlich …"

Das sind so Tage, an denen ich ihn nicht ganz so toll leiden kann und darüber nachdenke, ihn an der Autobahnraststätte auszusetzen. Aber das ist ja neuerdings verboten …

November 2012:
Unzugängliche Zugangsdaten oder „Tarnen, täuschen, verpissen"...

Wir sind umgezogen! An sich keine große Sache, aber wer es kennt, weiß zu verstehen, welchen Wechselbädern der Emotionen man da ausgesetzt ist. Und dann geht der Wahnsinn ja erst los. Alles ist irgendwie da, aber man weiß nicht wo.

„Wer hat die Zugangsdaten der Telekom zuletzt gesehen und verpackt?" Die Frage reißt mich hoch und den Karton, den ich gerade durchwühle auseinander. Meine Gattin hat die Eigenschaft, solche an sich belanglosen Fragen mit einem Unterton zu belegen, der aufhorchen lässt. Ich stelle auf „Bildsuchlauf rückwärts" und sehe mich schnell zwischen Umzugswagen und Tür hin und herlaufen. Dann sehe ich mich Dinge auseinanderschrauben oder –treten, am Steuer fluchen und alles, was ich den ganzen Tag über so getan habe. Und dann bin ich am Schreibtisch und sehe, wie ich alles mit einer fahrigen Geste in eine Tüte stopfe. Dort, auf dem Schreibtisch, so meldet mein akustischer Memorystick, hatte meine Gattin *ALLES WICHTIGE* deponiert. Also auch die Sch***zugangsdaten – und ich höre es quasi wortwörtlich: „Schau her, das sind die Zugangsdaten. Die liegen jetzt hier auf dem Schreibtisch. Sei schön brav und pass gut auf sie auf, denn der Weltfrieden und die Lösung aller ökonomischen und ökologischen Probleme sind eng mit der Wiederauffindbarkeit dieser unscheinbaren Zugangsdaten verbunden. Ich weiß, dass ich mich auf dich verlassen kann!" „Ja, Schatz, weißt du, ob wir noch kühles Bier haben?". Dadurch bekommt der fordernde Unterton in der Frage seine Berechtigung und könnte zu endlosen und fruchtlosen Gesprächen führen, bei denen mein Wortanteil gerade einmal eine Sperrminorität ausmachen würde. Sie kennen mich als Menschenfreund, weshalb ich es nicht übers Herz brachte zu sagen „Jaweißtdudaswarallessoaufregendunddanndasgroßeautomitdenvielensachen-unddasbierdasichmitrobertgetrunkenhabeund … - ich glaub, die sind weg".

Nein, ich steige in das Spiel ein und nehme nun an ihren Spekulationen teil, wo diese Zugangsdaten wohl abgeblieben sein könnten, wer sie zuletzt gesehen haben muss („Du hast den Schreibtisch abgeräumt!" „Ich weiß, hat Elena nicht die ganze Zeit so einen Stapel Briefe herumgeschleppt?") und warum die neue Wohnung nicht in einer logischen Reihenfolge mit Sachen befüllt worden sei. Denn dann könnte sie die Tüte mit den Zugangsdaten sicher leicht ausfindig machen. „Aber hallo, da bin ich mir sicher", murmele ich und hänge mich dann anderswo in einen Karton. Tarnen, täuschen, verpissen. Sie kann sich sehr in dieser Rolle verlieren und ich will ihr den Spaß auch nicht verderben.

Geplagt von Gewissensbissen begebe ich mich aber doch auf die Suche nach der Tüte, von der ich nicht einmal weiß, wie sie ausgesehen hat. Und man glaubt es kaum: Nach wenigen Minuten werde ich fündig. Zwischen Comics und alten Programmheften haben sie gesteckt, in der Tüte „Keller, alt!". Na, da hätte die doch keiner gesucht. Ich suche einen Platz, an dem meine Gattin die Daten aufgrund ihrer knallharten Recherchen finden kann. Unter dem Karton mit den Küchensachen, den wird sie sicher bald ausräumen. Heißa, das wird eine Freude. Da hole ich mir doch erst einmal ein kühles Bier.

Dezember 2012:
Bluse mit Muschi und Bogen

Das Fest der Liebe naht mit Riesenschritten und natürlich bin ich willens und bis in die Haarspitzen motiviert, meine Familie großzügig und uneigennützig mit Geschenken zu bestücken. An sich keine falsche Einstellung, werden Sie jetzt denken. Und im Prinzip denke ich das auch. Nun muss man jedoch wissen, dass ich als notorischer Steinbock nicht wirklich der prädestinierte Schenker vorm Herrn bin. Steinböcke neigen zu pragmatischen und unproblematischen Geschenken. Akkuschrauber, Schneeketten oder ein Satz bunter Frottee-Unterhosen sind seltsamerweise die Dinge, die mir am ehesten einfallen, wenn ich vor meinem geistigen Auge meine kleine Primärfamilie Revue passieren lasse. Und eigentlich dreht es sich dabei ausschließlich um meine bessere Hälfte, denn bei der erreicht meine Kreativität in Sachen Geschenke regelmäßig einen dramatischen Tiefstand. Am liebsten wären mir Gutscheine, aber mit so etwas darf man beim Fest der Liebe ja nicht wirklich anrücken. Vor allem meine geliebte und beizeiten nicht minder rachsüchtige Gattin könnte dies mit langanhaltendem Liebesentzug beantworten. Dafür bin ich jedoch noch nicht alt genug und eigentlich habe ich sie ja auch von Herzen lieb.

In Zeiten ohne „www" hätte ich mich nun auf die Odyssee machen müssen, um mir irgendwo irgendwas aufschwatzen zu lassen, von dem die Verkäuferin sicher ist, dass es meiner Herzensholden gefällt – und dann beim Auspacken unterm Weihnachtsbaum doch wieder nur ein unmissverständliches Augenbrauenlupfen hervorgerufen hätte. Ich bin der wortgewaltigen Überredungskunst speziell geschulter Verkaufsfachkräfte einfach nicht gewachsen. Ich brauche eben Zeit und ein Höchstmaß an ungestört konsumierten Informationen für die Kaufentscheidung. Seit das Internet zum größten – weil weltumspannenden - Tante-Emma-Laden geworden ist, haben ja nun selbst Leute wie ich die Chance, mit sensibel ausgesuchten und stressfrei eingekauften Geschenken zu punkten. Also machte ich mich brav auf die Suche nach Dingen, die meine Göttergattin schön finden und mich vor langanhaltender Enthaltsamkeit bewahren können. Bei dieser Suche stieß ich dann aber auf die Produktbeschreibung einer Bluse, die mich zuerst stutzen und dann die Segel streichen ließ. Sie kennen mich, ich bin ein Menschenfreund. Deshalb möchte ich Sie an dieser linguistisch außergewöhnlichen Entdeckung teilhaben lassen. Was nun folgt, steht tatsächlich genau mit diesem Wortlaut im Netz: *„Diese Chiffon ist sowohl ein Smart und schick Büroabnutzung Wahl. Es ist eine stilvolle Abendgarderobe Grundnahrungsmittel mit einem femininen Touch. Das Top hat einen zugeknöpft vorne mit einer Muschi und Bogen im Trend Peter Pan Kragen. Diese volle sleeved Top dauern wird Ihnen Jahreszeiten und ist ein Muss. "* Da wusste ich dann auch nicht mehr weiter. Also werde ich mir wohl doch etwas aufschwatzen lassen und auf mein Glück vertrauen müssen.

Januar 2013:
Es gibt nichts Gutes …

… außer man tut es. Jaja, blabla. Mit solchen Sprüchen wird man ja gerade zum Jahresanfang gerne und überall belästigt. Wo man auch ist, wird man mit guten Ratschlägen und Appellen überhäuft, wie und weshalb man sein Leben jetzt und für immer ändern muss. Im Fernsehen und in den Illustrierten warten die Ratschlag-Erteiler auf einen und setzen natürlich voraus, dass man aber auch so was von unzufrieden ist mit seinem Leben. Und natürlich doof. Denn ohne die Besserwisser käme man ja nie darauf, dass Rauchen ungesund und Bewegung gesund ist. Und natürlich halten sie auch eine Menge an guten Ideen bereit, mit denen man sein Leben und sich selbst von Grund auf ändern kann. Man könnte zum Beispiel seinem Chef einmal genau sagen, was man von ihm hält und zukünftig erwartet, rät einem zum Beispiel einer dieser Besserwisser in einer Zeitschrift, die ansonsten auf Spekulationen rund um den europäischen Hochadel spezialisiert ist. Wie man einen neuen Job findet, wenn der Chef sich nun einmal partout nicht ändern will, verrät der Klugschnacker natürlich nicht. Ebenso wenig wie sein Kollege aus einer anderen Postille, der dazu auffordert, althergebrachte Verhaltensmuster in der Ehe zu ändern. Dem ist es nämlich scheißegal, ob sein „Schatz, was mich immer schon an dir gestört hat …" dazu führt, dass man auf dem Sofa pennen und seine Ernährung völlig umstellen muss, weil nämlich die Küche bis auf weiteres kalt bleibt. Den Vogel abgeschossen hat ein Schreiberling in einer dieser Frauenzeitschriften, die mir neulich beim Facharzt meines Vertrauens in die Hände fiel. Der regte nämlich an, dass man gerade in der Lebensmitte den Mut haben und einen klaren Schlussstrich ziehen sollte, um ohne Altlasten ein völlig freies und neues Leben zu beginnen. Als leuchtendes Beispiel nannte er einen Freund, der seitdem eine Freundin ist, weil er das mit dem Schlussstrich und dem Neuanfang sehr ernst genommen und sein „wahres Ich" befreit hat. Mal ehrlich: Auf solche guten Ratschläge sollte man nur dann hören, wenn einem wegen einer tödlichen Krankheit eh alles egal ist oder man gerade im Lotto gewonnen hat. Ich stelle mir den Blick meiner Göttergattin vor, wenn die morgens im Wohnzimmer auf dem Sofa eine fremde (und überaus gutaussehende) Frau vorfindet – nur, weil ich dem Gebrabbel dieser Hobbypsychologen auf den Leim gegangen bin und mein wahres Ich von Stund´ an in Strumpfhosen und Büstenhalter suche. Ob die dann noch für mich kochen würde, ist mehr als fraglich – und drauf ankommen lassen möchte ich es ehrlich gesagt nicht.

Da Sie mich aber als Menschenfreund kennen, möchte auch ich Ihnen einen guten Ratschlag mitgeben ins neue Jahr. Also: Hiermit rate ich Ihnen höchst offiziell und von ganzem Herzen, dass Sie niemals versuchen sollten, im Feierabendverkehr ohne nach links und rechts zu schauen die Straße zu überqueren. Daran – und das meine ich ernst – sollten Sie sich das gesamte Jahr 2013 hindurch halten. Denn wenn Sie das tun, sinkt die Wahrscheinlichkeit, dass Sie von einem Auto überfahren werden, schlagartig. Und da sag mal einer, dass das Lesen meiner Kolumnen keinen lebenserhaltenden Mehrwert hat. Ach ja, mit dem Rauchen aufhören und mit dem Bewegen anfangen sollten Sie aber trotzdem.

Februar 2013:
Von Lebenskrisen und
anderen haarigen Themen …

Derzeit befinde ich mich in einer Lebenskrise, einer ganz üblen sogar. *Oha un´Ojott*, werden Sie denken, *ärme Jong, wat hattä denn.* Zuerst einmal meinen herzlichsten Dank für so viel Anteilnahme. Und wo Sie schon so fürsorglich fragen, will ich es auch loswerden. Ausgelöst wurde sie durch meine Haare. *Jaja*, höre ich schon. *Das ist bei Männern ab einem bestimmten Alter wirklich ein leidiges Thema.* Die einen meinen, sie müssen unbedingt den Lauterbach imitieren und stellen ihre teilweise grotesk unförmigen Schädel durch eine künstliche Glatze zur Schau, bloß weil es sich oben in der Mitte etwas lichtet. Früher nannte man die Frisuren „Straße nach Berlin". Meist wurden sie auf den Dörfern Mode, wenn sich wieder einmal Läuse in der Grundschule oder im Kindergarten eingenistet hatten. Um ihre neue intellektuelle Daseinsform auch hervorzuheben, kleiden sich diese selbsternannten Lauterbachs mit Vorliebe in schwarzen Rollkragenpullover. So springt jeden die Blötschkugel gleich breitseitig an. Wo die dann allerdings die Schuppen für den schwarzen Pullover herbekommen, ist mir ein Rätsel. Andere – vor allem in ländlichen Regionen - sind einfach nicht von Vokuhila wegzubekommen. Diese Frisur sah ja schon scheiße aus, als sie angesagt war. Das war zu der Zeit, als die Jeans auch aussehen mussten, als hätte man sie mit der Sprühdose aufs nackte Bein aufgetragen. Jetzt, in der zweiten Dekade des 21. Jahrhunderts gehen weder enge Stretchjeans noch die „Ich-will-aussehen-wie-der-Sänger-von-Smokie"-Frisuren. Außer man heißt Alice Cooper.
Aber zurück zu meiner oben erwähnten Lebenskrise. Neulich sagte meine Gattin, ich sähe aus wie ein eingestaubter Staubwedel und es

sei an der Zeit mal wieder unseren gemeinsamen Frisör aufzusuchen. Da wir ihn beide schätzen, werde ich seinen echten Namen nicht nennen. Für diese Geschichte soll er mal *Schnippelmax* heißen. Weiter im Text: Da ich oft tue, was meine Frau sagt, bin ich also hin zum Schnippelmax. Der Besuch ist eigentlich immer angenehm, man darf im Laden rauchen, bekommt Kaffee und kann auch mal ein wenig tratschen. Wer nur regelmäßig zu einem Haarkünstler seiner Wahl geht, erspart sich den Besuch beim Seelenklempner und sieht auch noch immer lecker schick aus. Nun haben Sie mich ja als wirklichen Menschenfreund kennengelernt. Und als solcher kann ich sehr gut zuhören – ich muss nämlich nicht immer selber ablassen. Ich nehme auch auf. So auch an jenem Tag beim Schnippelmax. Der Mann hat es aber auch nicht gut getroffen zurzeit. Seine Frau zickt, seine Tochter hat einen neuen Freund, der heißt wie ein Balkanschnaps mit Kopfschmerzgarantie und dann die Miete, die frisst ihm ja die Haare vom Kopf und die Politik – also dieser Wulff und vom Außenminister ganz zu schweigen. Ob so viel Meinung achtete ich gar nicht darauf, was der Meinungsträger tat. Fataler Fehler. Das wusste ich, nachdem ich nach dem Verlassen des Ladens ein Mädchen hörte, dass im Vorbeigehen ihrer Freundin zuraunte: „Guck mal der Opa da, der hat `ne Frisur wie Justin Bieber." Beide hielten sich die Hände vor das Gesicht und kicherten. Umgehend hatte ich den zweiten Termin beim Schnippelmax. Jetzt geht´s oben-rum wieder. Nicht korrigieren kann man jedoch den Begriff „Opa", den ich erst einmal verarbeiten muss. Jetzt denke ich ernsthaft darüber nach, mir ein neues Image zu geben. Glauben Sie, eine Glatze würde mir stehen?

März 2013:
Von schwarzgelben Kennzeichen
und anderen Missverständnissen

Heute will ich mal so richtig tief in die Vorurteil-Kiste greifen. Dabei bin ich mir sicher, dass Sie das Thema eigentlich zu Genüge kennen: Holländer im Auto. Gerade hier in Grenznähe hat so ziemlich jeder, der selbst ein Auto fahren darf schon seine mehr oder weniger lustigen, aber meistens sehr verwirrenden Erfahrungen mit unseren automobilen Nachbarn gemacht. Vor allem auf der Autobahn sind sie steter Quell von Verwunderung, Verfluchung und mannigfachen Gebrauchs von Kraftausdrücken. Dabei hat es für mich durchaus auch etwas von Urlaub und folkloristischen Momenten, wenn ich mit dem Wagen über die Grenze rutsche und mich den kraftfahrenden Holländern ausgesetzt sehe. Denn mehrmals im Jahr transportiere ich meine gesamte Bagage quer durch die Niederlande nach Domburg, um mal ein Tässchen Salzwasser und eine Portion Lekkerballen zu mir zu nehmen.

Das Problem beginnt wahrscheinlich aber schon bei dem Grund der Autobahnnutzung. Während der Durchschnittsdeutsche die Autobahn nutzt, um schnell von A nach B zu gelangen, ist bei unseren holländischen Nachbarn wahrscheinlich der Grund ganz anders gelagert. Ich glaube, dass Wim, Jeroen und Antje die Autobahn nur deshalb benutzen, weil es dort keine Poller und Schwellen gibt. Dementsprechend wollen sie nur bequem, aber darüber hinaus nicht zwangsläufig auch schnell fahren. Und da stoßen dann die Mentalitäten aufeinander. Während die Deutschen in Holland allgemein als Drängler und Raser verschrien sind, werden die Holländer diesseits der Grenze zumeist als rollende Hindernisse oder soziologische Experimente wahrgenommen. Wie sonst kann man sich erklären, dass der Holländer die linke Spur benutzt, um gemächlich mit zweikommafünf Stundenkilometern mehr an einem Lastwagen vorbeizuparken oder einfach mal so grundlos die Fahrbahn zu wechseln, wenn man sich gerade anschickt ihn zu überholen. Ebenso unverständlich ist, dass er nach dem halbstündigen Überholvorgang quasi auf gleicher Höhe mit dem Überholten ansetzt, um erneut die Fahrbahn zu wechseln, wahrscheinlich in der Annahme, dass sich ein überholtes Auto einfach so in Luft auflöst und den Platz zum Einscheren freimacht. Das führt immer wieder zu fröhlichen Missverständnissen und verschlägt auch mir – obwohl Sie mich ja an sich als Menschenfreund kennen – die Spucke. Wenn die dann wiederkommt, spült sie zumeist Worte aus meinem Mund, die meine Frau verstummen und meinen Sohn interessiert aufhorchen lassen.

Auch auf Wetter reagieren niederländische Automobilisten zumeist verschreckt und panikartig. Eigentlich genügt es schon, das Wort „Schnee" auf die Straße zu sprühen, um panikartige Vollbremsungen und weitere völlig hirnrissige Fahrmanöver zu erzeugen, deren Sinn sich in den seltensten Fällen erschließt. Ein Grund für dieses exotische Fahrverhalten mag auch in den weichen Drogen liegen, die die Holländer ja seit einiger Zeit ihren deutschen Nachbarn vorenthalten und deshalb wahrscheinlich schon bei Tagesanbruch selbst konsumieren müssen, weil sie sonst gar nicht wüssten, wohin mit dem ganzen Zeug. Wenn man es weiß, ist es ja gut und man kann sich darauf einstellen. Trotzdem bin ich regelmäßig nach der recht kurzen Fahrt nach Domburg erschöpfter als nach über tausend Kilometern Richtung Mittelmeer. Und dann hätte auch ich gerne ein Kräutertütchen zum Relaxen, aber das hat sich ja der Autofahrer reingepfiffen, der 20 Kilometer lang mit Blinker links neben mir hergeschlichen ist.

April 2013:
Von Dipl.´s, Doktoren und
anderen Fachleuten im Bescheißen

Finden Sie es nicht auch langsam nervig, dass alle Backe lang Politiker sich selbst aus dem Rennen kegeln, weil sie vor Jahren bei ihrer Doktorarbeit geschummelt haben? Erst war es der AC/DC-Adlige mit seinen geschätzten 249 Vornamen, der scheinbar gar nichts an seiner Doktorarbeit selbst geschrieben hatte, dann diese liberale Anziehpuppe mit dem Doppelnamen, kürzlich erst unsere an sich ganz kompetent wirkende Bildungsministerin Schavan. Und wer weiß, wen es noch erwischt, bis dieser Text in gedruckter Form bei Ihnen vorliegt. Zweierlei ist an der ganzen Sache erstaunlich: Einmal, dass so ein „Dr." vor dem Namen immer noch als Eintrittskarte in die Liga der Großen und Wichtigen angesehen und deshalb gerne erschwindelt wird, und dann noch die Reaktion der Leute. Solange es ein Strahlemann wie dieser Guttenberg ist, heißt es „Ja, nee, ist doch egal, immerhin ist der immer so nett". Wenn es eine eher unscheinbare Person wie Frau Schavan ist, dann heißt es „Selbst schuld, wenn die das nötig hat". Als ob es sich nicht um ein und denselben Tatbestand handeln würde.

Doch der Schwindel mit Titeln und Würden ist ja kein Problem unserer politischen Kaste. Er taucht vielmehr überall im täglichen Leben auf und bleibt dort leider viel zu oft unentdeckt. So zum Beispiel ein junger selbsternannter Elitevertreter, mit dem ich vor einigen Jahren mal beruflich zu tun hatte – leider. Der hatte sich kurzerhand ein „Dipl." selbst verliehen, weil es sich so schön vor seinem Namen austat. Darauf angesprochen, dass ihm da wohl ein Fehler unterlaufen sei, tat er empört und drohte mit allem möglichen, was er als in seiner Macht stehend vermutete. Als das alles nichts nutzte, redete er von „Neidgesellschaft" und „Treibjagd" und gerierte sich ganz geschickt als Opfer, bis es dann aber keiner mehr hören konnte und das „Dipl." vor seinem Namen mit ihm zusammen in der Versenkung verschwand. Wenig später tauchte er jedoch in den Fachmedien der Werbung auf und behauptete dreist von sich, in einer der namhaftesten Werbeagenturen Deutschlands in leitender Position gearbeitet zu haben. Zuvor war er schon „Existenzgründungsberater", „Medienprofi" und ganz allgemein „Unternehmer". In Ermangelung einer echten Ausbildung gibt er als Berufsbezeichnung heute „Werbefachmann" an und hat als solcher schon so manchen gutgläubigen Kunden um seinen erhofften Werbeerfolg und sein schwer verdientes Geld gebracht.

Sie kennen mich, ich bin ein Menschenfreund. Als solcher könnte ich milde lächelnd darüber hinwegsehen und mir mein Teil denken. Aber angesichts solcher Unverfrorenheit spüre ich eine Wut in mir aufsteigen, die mir fast selbst den Atem verschlägt. Während eine kompetente Person wie Frau Schavan aufgrund einer Eselei, die über 30 Jahre zurückliegt aus Amt und Würden gejagt wurde, können Vollpfosten wie besagter „Werbefachmann" weiter ungestraft ihr Unwesen treiben und bei Entdeckung breit grinsend von „Kavaliersdelikt" schwafeln – wohl wissend, dass sie dafür nie juristisch belangt werden können. Nachdem ich meinem Brechreiz nun verbal nachgegeben habe, werde ich mir wohl auch eine gutklingende Berufsbezeichnung zulegen, die gleichermaßen Kompetenz und Seriosität ausstrahlt – oder ich bleibe ganz einfach bei „Menschenfreund". Das klingt auch nett und schadet niemandem.

Mai 2013:
Ach, wie schön ist Lummerland – wenn nur die Lummerländer nicht wären

Neulich hatte ich die Freude, gemeinsam mit Bekannten in einer Gaststätte eine neue Mitbürgerin zu begrüßen. Sie ist geradewegs aus Italien zugezogen, um hier ein neues und wie sie sagte „sicheres" Leben anzufangen. „Prima", dachte ich gemeinsam mit den Bekannten, die ebenfalls „prima" denkend an den Lippen der Neu-Deutschen hingen und jedes ihrer Worte aufsogen wie Nektar. Es macht ja auch Spaß, sich als typisch nichtdeutsch und ach so weltoffen zu präsentieren. Dementsprechend wurde sich die meiste Zeit von allem distanziert, was nur im Ansatz deutsch sein könnte. Das ist glaube ich am ehesten typisch deutsch – und es nervt. Aber Sie kennen mich, ich bin ein Menschenfreund. Und deshalb setzte ich mein freundlichstes Grinsen auf und hörte mir den ganzen Schmompf mit wechselndem Interesse an. Unsere neue Mitbürgerin fühlte sich ob so viel Verständnis bemüßigt, mal so richtig vom Leder zu ziehen und den Anwesenden zu erklären, was sie eh alle wussten, nämlich dass wir eigentlich ein ganz bemitleidenswertes und überhaupt nicht nettes Völkchen sind. Ganz unmöglich sei zum Beispiel unser Hang zur Pünktlichkeit. Sie empfand es quasi als persönlich beleidigend, wenn Leute, die ihr Kommen für zehn Uhr angekündigt haben, tatsächlich um zehn auf der Matte stehen. Oder wenn die Verkäuferin im Laden tatsächlich den Kunden zuerst bedient, der an der Reihe ist, wo man sich doch so liebenswert selbstsüchtig vorzudrängeln versucht hat. Wahrlich störend sei auch das Streben, eine Tür unter Zuhilfenahme der Klinke geräuschlos zu schließen, wo man sie doch temperamentvoll mit Schmackes zuwerfen kann, um aller Welt akustisch klarzumachen, wie lebensfroh und dynamisch man ist. Na, und wochentags vor Mitternacht ins Bett zu gehen, weil man am nächsten Tag arbeiten muss, gehe ja wohl gar nicht. Überhaupt die Arbeit: Wie könne ein Chef so bekloppt sein und auf regelmäßiges Erscheinen bestehen, wo es doch reiche, wenn er regelmäßig das Gehalt bezahlt. Wo bleibe denn da das „dolce vita"? Aber davon verstehen die „Kartoffeln" sowieso nichts, weshalb es ja so wichtig sei, dass sympathische Zeitgenossen wie sie endlich mal ein wenig Lebensfreude versprühen. Insgesamt solle man sie bloß mit dem deutschen Muff in Ruhe lassen und ihr bitte ihre chaotisch-liebenswerte Art lassen, auf die sie ja ach so stolz sei. Ein bisschen sollte man sich schon auf sie einstellen. Da musste ich mich dann aber doch auch mal einmischen. Lächelnd und betont freundlich fragte ich sie also, weshalb es sie denn nun ausgerechnet nach Deutschland verschlagen hätte und warum sie sich nicht ein anderes Land aussuchen konnte, das sie mit ihrem missionarischen Eifer bekehren könne. Wohin ihr „dolce vita" das Heimatland gebracht hätte, sei ja hinlänglich bekannt. Ups, das war dann aber zu viel der Provokation. Gemeinschaftlich fielen nun meine selbsthassenden Bekannten über mich her und bezeichneten mich als unverschämten Ignoranten, der ja wohl überhaupt keine Manieren habe, wofür sie sich jetzt aber ganz dolle schämen müssten. Besagte Neu-Deutsche packte ihr gesamtes Vokabular an Beleidigungen aus und am Ende verließ ich die aufgebrachte Runde mit der Gewissheit, dass mir nicht zu helfen sei und dass wegen Menschen wie mir ein gemeinsames Europa von vorne herein zum Scheitern verurteilt sei. Nun frage ich mich natürlich, wer dieses gemeinsame Europa mit seinem ganzen „dolce vita" und „schilli-schalli" finanzieren sollte, wenn nicht so dumme Kartoffeln wie ich. Aber für irgendwas muss ja jeder gut sein.

Juni 2013:
Ein Einwurf zur Bildungsmisere in Deutschland

Deutschland ist nur noch zweite Liga. Zumindest, was das Bildungsniveau unserer Kinder betrifft. Die Klage darüber flutet regelmäßig die Medien und alle stehen dann herum, schauen betroffen, zucken mit den Achseln und die üblichen Tatverdächtigen rotten sich in den Talkshows zusammen und zermartern sich die Köpfe, woran dies wohl liegen könnte, wo wir doch das Land der Dichter und Denker sind. Dabei liegt die Lösung in Wirklichkeit auf der Hand. Man braucht bloß eins und eins zusammenrechnen und kommt dann auf zwei. So ist es mir zumindest ergangen. Und weil Sie mich als Menschenfreund kennen und es mir völlig schnuppe ist, ob ich es mir bei einigen Lesern völlig verscheiße, werde ich Sie nun an meinen Erkenntnissen teilhaben lassen. Es liegt daran, dass Grundschullehrer zu schlecht bezahlt werden. Jaja, das ist des Pudels Kern, um es mal mit Goethe zu sagen. Aufgrund der in Relation zu anderen Lehrerberufen schlechten Bezahlung lassen nämlich die Männer die Finger von dem schweißtreibenden und nervenaufreibenden Job mit den kleinen Rackern. Den überlassen sie den zumeist jungen Kolleginnen, denn „Frauen können es eh besser mit kleinen Kindern".
Verstehen Sie mich nicht falsch, ich will hier keine Gender-Diskussion vom Zaun brechen. Aber einen Riesenvorteil hätten männliche Lehrer gegenüber den jungen und sicher bis in die Haarspitzen motivierten Kolleginnen – sie werden nämlich nicht schwanger! Mein Sohn hat im Laufe seiner Grundschullaufbahn gleich vier (!) Klassenlehrerinnen gehabt. Immer wenn er sich an eine gewöhnt hatte, wurde sie schwanger und verschwand von der schulischen Bildfläche. Meist ging die frohe Kunde quasi einher mit der Verbeamtung

der Dame. Als ob das sich zwangsläufig bedingt. „Herzlichen Glückwunsch, Sie sind jetzt Beamtin auf Lebenszeit, unkündbar und auch noch gefeit gegen Zahnfleischschwund." „Oh prima, habe ich Ihnen eigentlich erzählt, dass ich schwanger bin?" Als ob das eine das andere automatisch hervorruft. Und Lehrerinnen sind nicht nur einfach so schwanger wie zum Beispiel Kassiererinnen, Friseurinnen oder Mediengestalterinnen – sie sind immer gleich „risikoschwanger". Das heißt vom Tag der frohen Kunde an krankgeschrieben bis zum Sankt-nimmerleinstag. Und viel zu oft endet der Mutterschutz mit einer erneuten Schwangerschaft. Das sollte man sich in der freien Wirtschaft mal rausnehmen. Ein Bekannter von mir hat seine Tochter auf einer Schule, an der es eine sogenannte Phantomlehrerin gibt. Die hat gleich dreimal hintereinander geschafft, den fortpflanzungstechnischen Jackpot zu ziehen und ist nun schon seit fünf Jahren nicht mehr aufgetaucht. Und das bei vollen Bezügen. Hey, wer würde da nicht großzügig die Pille vergessen, wenn der gemeine Steuerzahler die eigene Familienplanung ebenso großzügig finanziert? Und die zurückgelassenen Kinder in der Schule? Die bekommen Ersatzpädagogen von zweifelhafter Qualifikation oder hochmotivierte Referendarinnen vorgesetzt, an die sie sich zumeist nur zu gerne gewöhnen (Kinder schließen einen ja schnell ins Herz), die ihrerseits aber stante pede schwanger werden, wenn Sie ihren Fahneneid auf die Bundesrepublik abgelegt haben und den Status der Unkündbarkeit erreicht haben. Schwuppdiwupp und Rubbeldiekatz. Und wissen Sie was? Ich finde das höchst asozial und unverantwortlich gegenüber den Kindern, die dann verwirrt und im Stich gelassen mit oben genannten Erlebnispädagogen von einem Misserfolg zum nächsten torkeln und am Ende als Halblegastheniker eine Schulempfehlung bekommen, die später einmal zum Fabrikhelfer oder DSDS-Teilnehmer qualifiziert. Und deshalb

– nur deshalb – plädiere ich für mehr Männer an den Grundschulen. Die werden nämlich nur höchst selten schwanger. Und wenn, dann haben sie sich einen jahrelangen Mutterurlaub auf Staatskosten wirklich verdient, finden Sie nicht?

Juli 2013:
Von Kirmesbesuchen und den damit verbundenen Männlich-
keitsritualen

Am letzten Wochenende ist mir etwas passiert, das ich Ihnen unbedingt mitteilen muss. Einerseits, um Ihre Anteilnahme zu erheischen
(„Oooohje, wie schlimm! Der Ärmste"), andererseits um Sie einge-
hend zu warnen. Also, es begab sich, dass die Kirmes wie jedes
Frühjahr in meinem heimatlichen Umfeld Station machte, um mit
Zuckerwatte, gepanschtem Bier und rasanten Fahrgeschäften mein
hart verdientes Geld aus meinen Taschen zu ziehen und mich gleichzeitig vor eine schwere Prüfung zu stellen. Denn ich mag keine „rasanten Fahrgeschäfte". Sie waren mir schon immer ein Graus. Doch
so, wie ich als junger Kerl bestimmten Mädels durch Nutzung der
Fahrgeschäfte imponieren musste, muss ich es heute bei meinem
Sohn. Wer kennt das nicht: Man schlendert über den Platz und der
geliebte Nachwuchs titscht wie ein Flummi neben einem auf und ab
und würde am liebsten ständig ungebremst in den Himmel geschos-
sen oder bis zur Bewusstlosigkeit geschleudert werden. Meine Gattin, die ebenso klug wie hinterlistig ist, hat den Kirmesbesuch schon
frühzeitig zu „so einem typischen Vater-Sohn-Ding" erklärt, weshalb ich es immer bin, der nachher mit Schmerzen und Schwin-del-
gefühlen heim kommt, während der Herr Sohn weiter fröhlich tit-
schend und völlig unbeeindruckt von den körperlichen Strapazen
schon den nächsten Ausflug in die Wunderwelt der grellen Lichter
und grölenden Fahrgeschäftbetreiber plant.
Diesmal verschlug es mich auf das Kettenkarussell. „Kettenkarussell", höre ich Sie schon verächtlich ausrufen. „Wie kann man denn
so ein Weichei sein?" Von wegen, denn dieses spezielle Kettenkarussell erreicht eine Höhe von 60 (!) Metern, bevor es sich dreht. In
Worten „sechzig Meter"! Und weil ich nicht richtig zugehört hatte,

bevor ich vollmundig zustimmte, mit dem Sohn dieses spezielle Fahrgeschäft zu besuchen, hatte ich die Arschkarte. Sie kennen mich, ich bin ein Menschenfreund. Und zwar einer, der sich vor seinem Nachwuchs nie die Blöße geben würde. Also habe ich tatsächlich dieses Monstrum genutzt. Während mein Sohne jauchzend und fröhlich schaukelnd neben mir saß und gut hörbar seine Freude hatte, genoss ich die Fahrt (Jetzt wäre Ihre Anteilnahme angebracht) eher in mich gekehrt und mit geschlossenen Augen flach atmend. Es waren die bislang schlimmsten drei Minuten meines Lebens. Das Ansinnen meines Stammhalters gleich noch einmal zu fahren, das er äußerte, nachdem wir wieder festen Boden unter den Füßen hatten, habe ich durch schweigende Härte, die ich durch meinen Blick artikulierte, im Anfangskeim erstickt. Mit Gummibeinen und einem sehr flauen Gefühl im Magen gab ich mich einer Disziplin hin, die ich schon in Jugendjahren sehr gut beherrschte: Cool rumstehen am Selbstfahrer. Darin bin ich wirklich gut und kann das auch recht lange, vor allem, weil der Selbstfahrer meistens gleich neben der Bierbude steht. Da stand ich dann mit meinen Altersgenossen und schaute sehr männlich auf nichts Genaues, während unsere Kinder und Kindeskinder sich zu fetziger Popmusik versuchten gegenseitig von der Fläche zu rammen. So macht Kirmes Spaß.

Nun aber mein eingangs angedrohter dringlicher Rat: Hören Sie wenigstens im Umfeld von Kirmesbesuchen genau zu, was Ihr Nachwuchs so plappert, bevor sie nicken oder sonstwie zustimmen. Und wenn Sie dann doch im Schlamassel sitzen, denken Sie immer daran: es dauert nie länger als drei ewig lange Minuten!

August 2013:
Von bösen Mädchen und
Popeln im Wartezimmer

Neulich beim Arzt, vielmehr im Wartezimmer, wurde ich mit einem Beispiel des „neuen Selbstbewusstseins" konfrontiert, das Menschen hierzulande seit der Privatisierung der volksmoralischen Instanz Bildung leider vermehrt an den Tag legen. Ich rede von diesem *Hoppla, jetzt komm ich* und *Böse Mädchen bekommen den meisten Nachtisch* und wie diese ganzen Lebenshilfen heißen, die sich als Taschenbücher in den Supermärkten auf Grabbeltisch oder als Türme im Flurbereich der Buchhandlungen in den Weg werfen und immer wieder Abnehmer und leider auch Leser finden. Diese ändern dann nach Konsum des Machwerks ihr ganzes Leben schlagartig und fangen an, allen anderen auf den Sack zu gehen. Auf einmal muss jeder jedem alles sagen und darf sich noch mehr rausnehmen und noch selbstbezogener sein, weil er einzig von dem Drang erfüllt ist, sinnfreien Müll in Reality-TV-Kameras zu brabbeln und sich zu positionieren für den Fall, dass die persönlichen fünf Minuten Mittelpunkt kämen, die laut Andy Warhol ja jedem Menschen zustehen. Mein ist alles Recht der Welt, mein Wort ist Gesetz. Denn ich bin wichtig. Ich will im Mittelpunkt stehen, habe Anrecht auf den besten Sex der Welt mit einem Traumpartner, den Platz auf der Terrasse mit der meisten Sonne, die letzte Angebotstüte Chips und den ersten Arzttermin. Und wenn ich den habe, haben alle Zeitschriften des Wartezimmers nach Datum sortiert und griffbereit an meinem reservierten Logenplatz zu liegen. So. Und jetzt komme ich. Und denken Sie beim Lesen der folgenden Zeilen daran, dass ich ein Menschenfreund bin. Also meistens.

Ich sitze also in oben erwähntem Wartezimmer mit der aktuellen Ausgabe eines begehrten und in Wartezimmern selten anzutreffenden Hochglanzmagazins vor der Nase und ergötze mich an kunstvollen Fotos vom Ganges im Morgennebel. Da klopft es von vorne an der Zeitung. Der Ganges schwappt mir ein paar Mal bis vor die Nasen-spitze, bevor ich ihn sinken lasse und in das freundlich fordernde Gesicht einer gut erhaltenen späten Endvierzigerin schaue. „Ja bitte?", frage ich, schließlich hat sie ja geklopft und wenn es klopft, fragt man das eben.

„Brauchen Sie die noch?", fragt sie freundlich ungeduldig.

„Wen oder was?", frage ich verdattert.

„Na, die Zeitschrift. Lesen Sie die noch?" Dabei deutet sie mit spitzem Finger auf den nebelumwaberten Ganges, der jetzt auf meinem Schoß ruht.

Hmmm, denke ich und antworte: „Ja, wissen Sie, eigentlich würde ich Ihnen diese Zeitung gerne geben, aber ich möchte gerade ungestört popeln. Und da bietet sie sich als Tarnung wirklich an."

Sie schaut als ob sie es mit einem grenzdebilen Alien zu tun hat. Also füge ich ein vertrauliches „Ich habe ja auch kein Taschentuch dabei, wissen Sie" an und lächele freundlich, bevor ich den Ganges wieder vor meine Nase hieve. Ich höre sie etwas von „unverschämt" und „muss man sich so was bieten lassen" sagen und gleich tadelnd mit der Zunge zu schnalzen. Hätte sie mal lieber anstelle des *Böse Mädchen*-Ratgebers vielleicht doch irgendwann mal einen Blick in den Knigge geworfen. Da steht garantiert irgendwo drin, dass man popelnde Menschen nicht stören sollte. Die Zeitschrift hat sie nur ebenso angewidert wie mich angestarrt, als ich aufgerufen wurde.

September 2013:
Mein Sohn, Chuck Norris und ich

„Chuck Norris weint nicht, er schwitzt durch die Augen!" Derzeit sind Witze über den herausragenden Charaktermimen aus Hollywood gerade der letzte Schrei bei Jungs vor der Pubertät und weit hinter dem Kindesalter – also genau in der Phase, wo das Machotum der Buben noch etwas Niedliches hat, bevor es dann mit zu viel Testosteron, Pickeln und Bartstoppeln für immer verloren ist. Mein Sohn, seines Zeichens ein vorpubertärer 12-jähriger, ist voll auf dem Chuck-Norris-Trip. Nicht dass er auch nur eines der cineastischen Meisterwerke von Mister Kampfsport kennen würde. Aber er kennt Facebook und diverse andere Foren, in denen sich die Jungs nur über Chuck Norris unterhalten. Chuck Norris tut dies nicht, hat das nicht nötig und tut jenes, wenn alle anderen längst mit ihrem Latein am Ende sind. Ich will ihm zugutehalten, dass er in ironischer Manier besonders männlich und zugleich witzig wirken will. In meiner Jugend war es Conan der Barbar und spätere Gouverneurnator von Kalifornien, der uns regel-mäßig zu den übelsten Scherzattacken auf Sohle Sieben inspirierte. Bei Stallone sah das schon anders aus, denn der rang uns sogar ein wenig Respekt ab, weil er ja in der ersten Filmhälfte erst einmal richtig auf die Fresse bekam, bevor er dann ebenso richtig ans Austeilen kam. Unvergessen und noch heute für mich vorbildlich ist sein akkurates Zerlegen einer amerikanischen Kleinstadt voller Veteranen-und-Hippie-Hassern im ersten „Rambo". Den darf ich meinem Stammhalter aber noch nicht zeigen, weil meine Gattin dann umgehend die Scheidung einreichen würde. Sie hat einfach kein Verständnis für wirkliche große Filmkunst. Auch epochale Werke wie „Hitcher der Highway-Killer", „American Psycho" und „Kettensägenmassaker im Schlachthaus" haben sie nie wirklich begeistern können. Ich habe sie trotzdem geheiratet und stehe noch heute dazu.

Zurück zu Chuck Norris. Wussten Sie, dass er unter seinem ordentlich gestutzten Vollbart eine dritte Faust versteckt und bei Liegestützen nicht seine Höhe verändert sondern die Welt unter sich wegdrückt? Sie sollten mal einen x-beliebigen Tag in meinem trauten Heim verbringen, dann wüssten sie mehr über Mister Norris als er selbst jemals über sich wissen wird. Dass das alles aus dem Mund des kleinen Jungen kommt, mit dem ich so gerne „Blau und schlau" oder „Feuerwehrmann Sam" geschaut habe, ist kaum vorstellbar.

Da Sie mich aber nun einmal als unverbesserlichen Menschenfreund kennen, wollte ich meinem Sohnemann den lieben Herrn Norris nun auch mal näherbringen. Schließlich soll er schon wissen, was das für eine Holhlbirne ist, der er nun täglich huldigt. Also wendete ich mich vertrauensvoll an einen beneidenswerten Freund. Der besitzt nämlich eine ansehnliche Sammlung von Filmen, die mit nur einem einzigen vierseitigen Drehbuch und einer Reihe aufgepumpter Schauspieler auskommen, die zu ihrem Barbarenkörper Gesichter wie Versicherungsvertreter durch die Gegend schleppen und mit Wortbeiträgen geizen. Wie der Film hieß, weiß ich nicht mehr. Auf jeden Fall war mein Sohnemann schon nach zehn zähen Minuten selig am Schlummern und ich konnte den Film wechseln. Deshalb gibt es einen neuen Chuck-Norris-Spruch, nämlich „Chuck Norris ist nicht langweilig, er knockt die Zuschauer allein durch seine Anwesenheit aus!"

Oktober 2013:
"Zieh´ dich aus, wir müssen reden"

Ist Ihnen schon einmal aufgefallen, dass es oft nicht wirklich aner-
kannt wird, wenn man versucht, die Dinge klar auf den Punkt zu
bringen? Das muss man sich mal vorstellen: In einer sich schamlos
prostituierenden Gesellschaft sind diejenigen die mit der Arschkarte, die nicht lange um den heißen Brei reden und lieber auf den
Punkt kommen. Das tut man ja nicht, weil man die Axt im Walde
sein will, sondern weil man es ein wenig beschleunigen will, wer
hat denn noch Zeit heutzutage? Und oftmals tut man dies ja erst nach
vorheriger Aufforderung. „Komm, jetzt mal frisch von der Leber
weg", heißt es dann, oder „Nun mal ehrlich." Liebe Menschenfreunde im Geiste, lasst euch gesagt sein: Fallt auf solche Aufforde-
rungen nicht herein! Sie sind nicht so gemeint. Sie meinen in Wirklichkeit das Gegenteil – man muss es nur wissen. Beispiel: „Gefallen dir die Schuhe, sei ehrlich!" „Nee, die sehen scheiße an dir aus,
irgendwie klobig." … Halten wir hier kurz inne und lassen wir das
Gelesene auf uns wirken. Da hat jetzt einer ein Problem, und zwar
kein kleines. Vielleicht nicht gleich und vor Zeugen, aber die Saat
ist gesetzt und die Bombe tickt. Seine Aufgabe war ganz klar, zu
bestätigen, dass die Schuhe seinem oder seiner Begleiter/in gefallen
(merken Sie, wie ich dem „Mann-Frau"-Klischee geschickt auswei-
che?) und er/sie sie auf jeden Fall haben will. Das hat er vergeigt.
Aus der Nummer kommt der nur noch raus, wenn er geistesgegen-
wärtig hinter sich greift und irgendein Paar Schuhe hervorzaubert
und „Probier doch mal die, die stehen dir bestimmt prima! Das hab
ich gleich gesehen, als wir reingekommen sind" sagt und dabei völlig ernst und zugleich ein bisschen begeistert aus der Wäsche schaut.

Blöd nur, wenn es orthopädische Lauflernschuhe oder Gummistiefel sind. Doch davon wird der Braten jetzt auch nicht mehr fett.

Ein anderes Beispiel: Seinerzeit als junger und stets hungriger Single bekam ich abends einen Anruf von einer jungen Kollegin, um die ich während der Arbeit gerne herumscharwenzelte. Sie auch um mich, und deshalb rief sie wohl auch an. Also fragte sie nach ausgiebigem Einführungsgeplänkel, was ich denn so vorhätte und erwähnte, dass sie auch eigentlich jederzeit langkommen könnte, wenn es mich nicht stören würde. Nein nein!, das täte es sicherlich nicht, warf ich enthusiastisch ein, denn mein Kopfkino versprach zeitgleich auf dem zweiten Hirnkanal großes Tennis, wenn das klappt. Und vielleicht noch lecker essen. Dann warf sie boshaft die rhetorische Angel aus und erklärte, ich könnte „ganz ehrlich sein" und sagen, was ich mir denn wünschte. Und da ich angesichts der vielen bunten Bilder im zweiten Kanal etwas abgelenkt war, antwortete ich aus tiefer Überzeugung und mit vor Vorfreude glühenden Wangen: „Komm nackt und bring Essen mit – oh, und ein paar Dosen Bier, okay?" Meine Antwort löste einige „Hihis" und ein „du Schelm" aus, dann war das Telefonat schnell beendet. Gekommen ist sie an diesem Abend nicht. Und auch an späteren Abenden kam sie nicht, zumindest nicht zu mir. Deshalb hatte es sich auch schnell ausscharwenzelt zwischen uns und ich suchte mir eine neue Arbeitsstelle. Was will uns diese Geschichte sagen? Eigentlich nichts, ich wollte sie nur mal loswerden.

Eine Moral hat die Geschichte aber trotzdem. Und als Menschenfreund, der ich bin, will ich Sie auch damit nicht verschonen. Also erstens: Gelegentliches Nachdenken bewahrt einen davor, hungrig und einsam die Nacht zu verbringen. Zweitens: Eine kleine Notlüge ist nicht feige sondern weise. In diesem Sinne „gute Reise".

November 2013:
Zappzerapp und weg ist es wieder

Es gibt ja Dinge, die machten früher mehr Spaß als heute. Zum Beispiel Fernsehen. So ein mehr oder weniger gemütlicher Abend mit der Familie vor der Glotze. Heute ist das für mich zumeist weniger als mehr gemütlich. Und das liegt daran, dass man heute die tollsten Möglichkeiten mit seiner Flimmerkiste hat. So ist man zumeist hoffnungslos demjenigen ausgeliefert, der die Fernbedienung in der Hand hat. Der beginnt nämlich mit einem „Ich such´ mal was" mit dem mir zutiefst verhassten Zappen. Im Sekundentakt die Kanäle rauf und runter schaltend sucht er irgendwas, von dem er selbst nicht weiß, was es denn sein könnte. Die Sendungen auf den Kanälen haben zumeist keine Chance, einen von ihrem Gehalt zu überzeugen, denn schon geht es hopplhopp weiter im Laufschritt durch die Wunderwelt der verschiedenen Medienangebote. Was man mitbekommt, ergibt selten einen Sinn, denn sowohl meine Frau als auch mein Sohn verstehen es punktgenau umzuschalten, bevor das sinnstiftende Wort in dem Satzfetzen gefallen ist. Da heißt es dann „Der Mörder ist - " und „Ich verspreche dir, dass ich - " und „Weißt du, wen ich getroffen habe? Den -"… Ich weiß nicht, wie es Ihnen geht, aber mich macht so was schnell gereizt und irgendwie unleidlich. Vor allem wenn mein Sohnemann die Macht der Fernbedienung innehat, wird es unübersichtlich. Dann werden die Satzfetzen zu Wortfragmenten à la „Unmögl" und „Wichti-" und „Dring- ". Da ich mich dann nach einer Weile dem Schlaganfall nahe wähne, knurre ich mehr oder weniger freundlich in die Runde und werde deshalb auch gerne als Spaßbremse bezeichnet. Immerhin bleibt es dann bei einem Sender – meistens der, den man am wenigsten sehen wollte – und mein semisenioriges Gehirn kann damit beginnen, die optischen und akustischen Eindrücke zu sammeln und in eine Verbindung zueinander zu setzen. Doch dann schlägt mein Herr Sohn mit der nächsten Waffe zu: Teletext. Ich weiß nicht einmal, wo der Knopf an der Fernbedienung ist, aber er schafft es, den Bildschirm in eine eklig hellblaue Fläche zu verwandeln, auf der dann sehr unschöne Buchstaben darüber informieren, was man auch sehen könnte, wenn man es denn dürfte. Vor meinen Augen gehen die Teletext-Farben dann eine unselige Symbiose ein und lassen Erinnerungen an unliebsame Drogenexperimente der Jugend aufkommen. Wenn ich mich dann mal durchgesetzt habe und auf dem Kanal meiner Wahl angekommen bin, ist die Sendung, die ich gerne gesehen hätte aus oder der Werbeblock hat gerade begonnen. Wegen meines Geknurres und dem gleichzeitigen Zerkauen des Wohnzimmerteppichs ist mein Sohn zumindest dergestalt eingeschüchtert, dass er die Macht aus den Händen gelegt hat und ostentativ schmollt. Nur meine Gattin zeigt sich wenig beeindruckt, wenn sie ins Zimmer kommt. „Wieso schaut ihr denn Werbung?", fragt sie schon fast anklagend, bemächtigt sich der Fernbedienung und beginnt wild zu zappen. Auf der Suche nach was oder wem? Keine Ahnung. Während mein Sohn eher im Bereich der Sportsender sucht, hat meine Holde seit geraumer Zeit eine Vorliebe für kochende Landfrauen. Und die kochen immer irgendwo irgendwas. Dazu muss man sagen, dass es weitaus schwieriger ist, meine Gattin mit Drohgebärden zum Beenden des Amoklaufs durch die Kanäle zu bewegen als es bei meinem Sohn der Fall ist. Außerdem sucht sie auch gerne auf anderen Satelliten nach anderen Sendern, die sie dann im Schweinsgalopp und Sekundentakt durchhechelt. Naja, Sie kennen mich als Menschenfreund. Ich täte meiner geliebten Kleinfamilie nie etwas. Obwohl ich gerade am Fernseher oft schon kurz davor war. Um des lieben Friedens willen lehne ich mich zurück, schließe die Augen und schlummere weg. Dann träume ich von den guten alten Zeiten, als man noch aufstehen und am Fernseher selbst den Kanal wechseln musste. Was dementsprechend selten und nur murrend geschah. Und deshalb kann ich mich noch heute an Sendungen wie „Lassie" oder die „Waltons" erinnern, weiß aber nicht, in welcher Staffel von „Grey´s Anatomy" man sich derzeit befindet. Außerdem werde ich in letzter Zeit öfter kritisiert, dass ich ein Langeweiler wäre, der sogar am Fernseher einpennt. Mit mir sei ja nichts mehr los. Wenn die wüssten …

Dezember 2013:
Eigentlich wollte ich ja
eine Weihnachtskolumne schreiben ...

... aber dann habe ich mir ein Fußballspiel im Fernsehen angeschaut. Mach ich es halt später, habe ich mir gedacht. Im Kopf hatte
ich auch schon ein Thema, das keinem wehtut und so recht in diese
beschauliche Zeit gepasst hätte. Aber das geht nicht mehr. Themen,
die keinem wehtun und besinnlich dazu beitragen könnten, den Einkaufsstress halbwegs erträglich zu machen, indem sie das Gerücht
nähren, der Wühltischmarathon diene einem höheren Sinn und die
Freude der Lieben an Heiligabend unterm Gabenbaume sei echt –
die gibt es in diesem Jahr von mir nicht mehr. Dafür eine garstige
Verwünschung von mir als Menschenfreund in Richtung der mops-
fidelen Sportreporter, die sich einen feuchten Kehricht für die Menschen interessieren, denen sie ihre Mikros ins Gesicht rammen,
nachdem sie in 90 Minuten mehr gelaufen sich als der Durchschnittsdeutsche im ganzen Jahr. Wenn sie schon jemanden, der
kurz vorm Kollaps steht unbedingt nach seiner Einschätzung dessen
fragen, was alle zuvor aus verschiedenen Blickwinkeln und sogar in
Zeitlupe gesehen haben, dann muss sie dessen Meinung schon bren-
nend interessieren. Sollte man denken. Also eigentlich. Sonst würde
das Verhalten ja auch keinen Sinn ergeben. Aber Pustekuchen.
Diese Racker, ob öffentlich-rechtlich oder privat, könnten genauso
gut eine Parkuhr befragen, wenn es noch welche gäbe. Denn sie stellen diese Art von Fragen, die keiner Antwort bedarf. Weil die schon
in der Frage enthalten ist. Der Befragte kann also mit „ja" oder
„nein" oder „weiß nich'" antworten, denn an sich ist es wurscht. Ein
messerscharf nachgefragtes „Waren Sie in der 72. Minute nicht
schnell genug, um den Torschuss zu parieren?" kann eigentlich nur

noch durch eine unterstellend-feststellend gefragte Behauptung wie „Als Sie Ihren Gegenspieler in der 19. Minute gefoult haben, waren Sie da sauer?" getoppt werden. Was soll der arme Sportsfreund denn da antworten? „Ja nee, wir hatten uns grad noch nett über die Vorschule unserer Töchter unterhalten, da dachte ich mir nassforsch und eigentlich völlig grundlos: tritt den doch mal um, schadet na nix!" Worin liegt nun der Sinn solcher journalistischen Großtaten? Erst einmal müssen die Damen und zumeist Herren rechtfertigen, weshalb sie schon wieder eine der begehrten Freikarten für sich abstauben konnten. Jetzt sind sie also im Stadion, lungern gleich in der Nähe des Spielfeldrandes herum und sind vielleicht sogar begeistert von dem Spiel. Diese Begeisterung würde jeder Normalsterbliche durch das Ausstoßen anfeuernder oder irgendwie freudiger Laute zum Ausdruck bringen. Nicht so unsere Freunde von der quatschenden Zunft. Denn die finden ein Spiel ja nicht nur gut – die haben es ja auch verstanden, und das wahrscheinlich als einzige im ausverkauften Stadion. Und um das auch zum Ausdruck zu bringen, stellen sie sich den abgekämpften Recken in den Weg und erzählen denen, was sie eben auf dem Platz getan haben. Und noch schlimmer: Sie nötigen ihnen Antworten ab! Denn jeder halbwegs normale Mensch, zu denen ich auch Fußballer rechne, kann so einen Quatsch nicht auf sich sitzen und sich selbst so vorführen lassen. Also stammeln die ermatteten Spieler auswendig gelernte Sätze über Strategien, die aufgehen, Mannschaften, die sich zusammenformen und Trainerentscheidungen, die vom ganzen Kader mitgetragen werden, bevor sie entlassen werden und sich weiter in Richtung Umkleiden schleppen können. Warum hüpfen die Freikarten- und Mikrofonträger nicht einfach begeistert vor den Spielern auf und ab und grölen „oleee-oleeeeoleee-oleeeee!", wie das jeder anständige Fußballfan tut? Das wäre wenigstens noch sympathisch. Aber nein, sie grinsen selbstgefällig in die Kamera und „geben zurück ins Studio". Da erwartet einen dann einer, der das Spiel noch besser verstanden hat – meist ist es Beckmann – und der erklärt uns dann, dass eigentlich statistisch betrachtet die anderen hätten gewinnen müssen. Und wegen denen, die ich da beschrieben habe, gibt es in diesem Jahr keine Weihnachtskolumne für Sie.

Na gut: Der Einkaufsstress lohnt sich, Ihre Lieben werden sich scheckig freuen und alles dient dem Weltfrieden oder einem anderen hehren Ziel. Bis bald!

Januar 2014:
Ein fragwürdiges Jahr liegt hinter uns

Haben Sie nicht auch das Gefühl, dass das Jahr, das sich gerade langsam durch die Hintertür verdrückt, mehr Fragen offengelassen als Antworten geboten hat. Man denkt ja immer, dass sich zum Ende hin alles aufklärt und man schlauer ist als zuvor. Wie bei Tatort oder Barnaby. Dann hat man das auch erledigt und kann sich in Ruhe neuen Aufgaben zuwenden. Und meistens klappt das ja auch zum Jahresende hin. Nur dieses Jahr bleiben zu viele Fragen unbeantwortet. Weiß zum Beispiel jemand, ob Jogi Löw das Defensivproblem der Nationalmannschaft noch rechtzeitig vor der Weltmeisterschaft in den Griff bekommt? Oder ob er seinen versammelten Spitzentorwarten endlich mal verklickert bekommt, dass die Position des Torwarts während des Spiels sich aus ihren Bezeichnungen erschließt und sie deshalb nicht ständig wie orientierungslose Mallorca-Urlauber überall herumtorkeln müssen statt zu verhindern, dass der Ball ins Tor fliegt? Und stellt sich Ihnen nicht auch ab und zu die Frage, ob die deutschen das Prinzip einer Wahl überhaupt verstanden haben? Innerhalb weniger Jahre gleich zwei große Koalitionen zusammen zu wählen – bei der Auswahl! Das soll uns mal einer nachmachen. Oder was ist mit der Energiewende? Hat die jemand verstanden? Und wohin wendet es sich gerade für uns? Erst freuen sich alle wie Bolle über den Atomausstieg und stimmen sogar zu, dass sie für Ökostrom mehr zahlen müssen und dann melden sich die Energiekonzerne und wollen Geld dafür, dass sie die Umwelt und das Leben der Menschen nicht mehr mit ihren Kraftwerken gefährden, sich aber bereit halten für den Fall, dass sie es mal wieder müssten. Und prompt denkt man in Muttis Küchenkabinett darüber nach, die Wende rückwärts zu machen, weil Ökostrom einfach zu teuer ist. Hat irgendwer die Frage beantwortet bekommen, weshalb irgendwas um die 400 000 Sozialdemokraten mit Parteibuch und Hannelore Kraft gesondert über das Zustandekommen von Muttis Regierung entscheiden durften, nachdem den Spezialdemokraten in der offenen Feldschlacht die Wähler in Massen weggelaufen sind, weil sie mit dem Dummbeutelhaufen nichts mehr zu tun haben wollten? Und fragen Sie sich nicht auch, weshalb nach den Enthüllungen des rotzdreisten Finanzgebarens von Bischof Gierbrath in Limburg überhaupt noch zahlende Mitglieder in der katholischen Kirche verblieben sind? Oder hat nur der Letzte vergessen, das Licht auszuschalten? Und ist das angesichts der Energiewende nicht eine Todsünde? Also ich bin bei den Themen nicht wirklich weitergekommen und beende mein persönliches 2013 mit Fragen über Fragen. Dazu kommen dann die privaten Dinge, die mir keine Ruhe lassen. Warum hat meine Frau zum Beispiel immer das letzte Wort, wenn eigentlich schon alles gesagt ist? Und wieso kann sich mein Sohn völlig unsinnig klingende Lateinvokabeln merken, aber nicht, wann er vom Spielen zu Hause zu sein hat? Wegen mir kann 2013 Verlängerung bekommen, bis wenigstens einige der Fragen hinreichend erklärt sind. Wem das da oben noch nicht reicht, für den habe ich weitere Fragen recherchiert, die dringend einer kompetenten Beantwortung bedürfen.

Ist ein Raumschiff, das ausschließlich mit Frauen besetzt ist, eigentlich unbemannt? Gibt es in einer Teefabrik Kaffeepausen? Wenn Schwimmen schlank macht, was machen Blauwale falsch? Wenn die Stiftung Warentest Vibratoren testet, ist dann 'befriedigend' besser als 'gut'? Wenn ein Schäfer seine Schafe verhaut, ist er dann ein Mähdrescher? Welche Farbe bekommen Schlümpfe, wenn man sie würgt? Geht der Meeresspiegel kaputt, wenn man in See sticht?

Wenn Katholiken auf eine Demonstration gehen, sind sie dann Protestanten? Ist Lattenrost eine Geschlechtskrankheit? Und die wichtigste Frage: Warum muss ich auf Start drücken, um Windows zu beenden?

Mal unter uns: Ich glaube, wir gehen schweren Zeiten entgegen und können uns auf was gefasst machen. Da ist es doch gut, wenn man mal drüber gesprochen hat. Also bleiben auch Sie Menschenfreunde und beehren Sie mich in 2014 wieder!

Februar 2014:
Guter Rat ist teuer bei Zombieattacken

Dass wir in einer immer undurchschaubarer werdenden Welt leben, hatte ich vielleicht schon das eine oder andere Mal angedeutet. Und ich habe die Vermutung, dass es auch nicht besser wird. Zu allem Ungemach, das einem Familie, Beruf und das Leben im Allgemeinen bereiten kommen neuerdings verstärkt Probleme, von deren Exis-tenz ich bis dato noch gar nichts gewusst hatte. Zum Beispiel Zombieattacken. Lachen Sie nicht! Sie wissen schon, diese etwas abwesend dreinschauenden Untoten, die sich aus irgendeinem Grund zur Aufgabe gemacht haben, jeden x-beliebigen Passanten zu beißen, nur damit er schwuppdiwupp auch ein Zombie wird. Wenn sie ihn wenigstens noch akkurat verspeisen würden, aber Pustekuchen. Ein bisschen angeknabbert und schon geht´s zum Nächsten. Erinnert mich ein wenig an mein Verhalten während der späten Pubertät, mit dem Unterschied, dass heute nicht überall in der Region stammelnde und beißende Kolumnisten-Klone herumtorkeln. Obwohl die Vorstellung irgendwie lustig ist. Aber bevor ich abschweife, komme ich wieder auf den Punkt zurück und das am Beispiel besagter Zombieattacken. „Wie würdest du dich verhalten, wenn auf einmal eine Horde Zombies durch die Haustür kommt? A) Weglaufen B) Dich verstecken oder C) dir eine Waffe bauen und ihnen die Köpfe weghauen?" Solche Fragen stellt mir mein Sohn morgens zum Frühstück neuerdings gerne, seit wir Weihnachten „World War Z" auf DVD gesehen haben. Ja, ich weiß, war eine blöde Idee. Aber meine Frau war im Krankenhaus und wir hatten sturmfreie Bude und es gab den Silberling gerade günstig im Supermarkt und mein Sohn hat so nett „bitttteeeee" gesagt und so weiter. In dem Film gibt Brat Pitt ja eine 1A Anleitung, was man tunlichst beachten sollte, wenn man urplötzlich mit einer zombielastigen Gesamtsituation konfrontiert wird. Seitdem haben die spontanen und aus dem Nichts kom-menden Multiple-Choice-Fragen zum Thema Zombie dramatisch zugenommen und Aufgabenstellungen wie „Nenne mit die zehn besten Abwehrspieler der Bundesliga und begründe es jeweils" abgelöst. Nun schallt mir also aus der Röhre der Spaßrutsche im Hallenbad ein „Wenn hinter der nächsten Kurve ein Zombie lauert – was tust du?" entgegen, wenn ich hinter meinem Filius losrutsche.

Mein Sohn, das sollten Sie wissen, neigt ja zum Haarkleinen. Das hat er von seiner Mutter, die aber behauptet, er habe es von mir. Früher waren es Wissensfragen rund um das Starwars-Universum (Kennen Sie auf Anhieb die Durchschnittstemperatur auf dem Planeten Hooth?) und ob Sith vielleicht auch Jedis werden könnten, wenn sie geloben, nett zu sein. Davor waren es detailgetreue topografische Angaben zu Märchen wie „Alibaba" – wo genau liegt die Wüste und wieso findet man da Holz? - oder andere Sinnfragen, die einen oft an den Rand des argumentativen Vermögens brachten. Da ich aber als praktizierender Menschenfreund die Flinte nicht so schnell ins Korn werfe, habe ich mir stets die Mühe gemacht, alles auch mit dem nötigen Ernst zu beantworten. Dabei ist sicherlich das eine oder andere Mal die Fantasie mit mir durchgegangen. Das ist aber heute nicht mehr möglich, weil mein Sohn über Internet verfügt und perfiderweise nachher überprüft, was ich ihm erzählt habe. Schöne Sch****! Und das bei Zombies, mit denen ich mich bislang eher am Rande beschäftigt hatte. Trotzdem erwartet er, dass ich nun morgens bei Bütterken und Cornflakes Antworten auf die Frage weiß, mit welchem Gerät man in einem Gartencenter am besten die meisten Zombierüben abtrennen könnte. Ich persönlich tendiere zur motorgetriebenen Astsäge, mein Sohn würde einen überdimensionalen Rasenkantentrimmer bevorzugen, der aber noch extra gebaut werden müsste. Seit einiger Zeit verzichtet meine Frau übrigens auf das gemeinsame Frühstück mit uns.

Jetzt aber zurück zur Eingangsfrage. Was tun, wenn man Besuch von Zombies bekommt? Ich würde mich mitsamt meiner Lieben aus dem Staub machen, den Parkplatz eines nahegelegenen Einkaufscenters aufsuchen, dort einen kaputten Einkaufswagen suchen, in den ich unsere wenigen Habseligkeiten legen würde und mich dann, nur mit einem dreckigen Unterhemd bekleidet, in einen alten Campingstuhl setzen und traurig auf ein Mülltonnenfeuer starren, während meine Gattin sich mit anderen Frauen um ein paar Nahrungsmittel streitet. Warum? Weil man das in nahezu allen Zombie- oder Katastrophenfilmen so sieht. Denn dann kommt Chuck Norris oder ein anderer Kleiderschrank und rettet uns. Seltsam? Aber so steht es geschrieben.

März 2014:
„# Geh mir nicht auf den Sack!!"

Wenn normalerweise etwas passiert ist, das geheim bleiben sollte und deshalb die Runde gemacht hat, dann haben es früher sprichwörtlich die Vögel von den Dächern gezwitschert. So nannte man das. Heute wird nicht mehr gezwitschert sondern getwittert. Ist dasselbe, nur in Englisch und deshalb hip. Ebenso „performen" statt „ein Lied singen und dabei mit dem Popo wackeln" und „voten" statt „seinen Senf dazu tun". Aber zurück zum Getwittere, bevor ich mich im Kopf verlaufe. Dem heutigen Gezwitscher, das man über Satellit und den Dienst Twitter absetzen kann, steht immer ein sogenanntes Hashtag (dieses seltsame Zeichen: #) vor. Das leitet den oder das (so genau hat sich mir das noch nicht erschlossen) „Tweet" ein. Und ein „Tweet" ist eigentlich ein „sinnleeres Gebrabbel, das man auch für sich hätte behalten können, aber Angst hatte, es könnte den Kopf verstopfen". Das war aber zu lang, deshalb das englische Wort. Da erfährt man zum Beispiel – wenn man zu den Followern gehört – was sich eine gewisse Kim „whothefuck" Kardashian in New York an Klamotten gekauft hat oder wie betroffen der Tod des einen Schauspielers den anderen Schauspieler gemacht hat. Oder was ein christdemokratischer Hinterbänkler während der Debatte so im Kopf herumkreisen hat, also nichts. Oder zumindest nicht viel. Also raus damit in die virtuelle Welt, damit das Wählervolk auch weiß, wofür der gute Mann bezahlt wird. An sich könnte mich das nicht sonderlich stören, denn ich twittere nicht. Ich stelle mich morgens mit einer Tasse Kaffee vor die Tür und höre den Vögeln beim Zwitschern zu. Die erzählen sich in Wirklichkeit bestimmt auch so wichtige Sachen wie „Hab mein Nest schick eingerichtet lol", „Zwitschi Kardashian empfiehlt ihren Fans die Mehlwurm-Diät

Hdl" oder „Hey, lasst uns Müllers neues Cabrio shitstormen!". In Wirklichkeit sind diese vollgekackten Autos nämlich Dokumente eines gefiederten Flashmobs. Das riefe normalerweise nach einem Backflashmob. Aber seltsamerweise lässt sich meine Frau nicht überreden, im Gegenzug mit mir in den Baum zu klettern und das nächstbeste Nest vollzukacken. Zurück zum Gezwitscher. In Wirklichkeit ist nämlich die Luft um uns herum voll mit diesen wichtigen Zwitschernachrichten, die man nicht einmal alle erfassen könnte, wenn man es wollte. Das kann nicht einmal die NSA. Die weiß dafür immer schon vor uns, wo Kim „whothefuck" Kardashian ihre neuen U-Butzen gekauft hat. Auch was wert. Damit lassen sich Terrorattentate bestimmt sehr sinnvoll im Vorfeld vereiteln.

Nachdem ich Sie weitestgehend über Tweets und Getwitter aufgeklärt habe, muss ich leider noch eins drauflegen. Denn die Generation der nassforschen Nachrücker braucht zum Twittern nicht einmal mehr ein digitales Gerät irgendeiner Art. Die machen das einfach so, wie ich neulich im Supermarkt erleben durfte. Ein Mädchen im beginnenden Teenie-Alter schlurfte lustlos seiner Mutter durch die Regalreihen nach und verriet durch Körperhaltung und Mimik, dass ihre Mutter, der Supermarkt und überhaupt alles und jeder ja wohl gar nicht gehe und sie ganz schrecklich angewidert sei. Da richtete die Mutter das Wort an die süße Kleine und erbat sich die Herbeibringung der Honey-Loops, die diese morgens zum Frühstück so gerne anstiert. Also antwortete das heranwachsende Mägdelein wortwörtlich: „Hashtag, no chance mum!" und unterstrich ihren Verbaltweet durch einen ganz entschlossenen und trotzigen Blick. Aber eine gute Mutter weiß mit so etwas umzugehen und so twitterte sie sehr laut zurück, dass es durch den ganzen Laden zu hören war: „HASHTAG JETZT SONST HASHTAG ARSCH-

73

TRITT!" Die Silhouette der trotzigen Mine stand noch kurz verblassend in der Luft, während sie das Töchterlein zum Cerealienregal und zurück teleportierte, um das Geforderte zu bringen. Und was soll ich Ihnen sagen: Vor dieser pädagogisch einfühlsamen Mutter verbeuge ich mich nur zu gerne. Und obwohl ich viel Wert auf meinen selbsternannten Titel als Menschenfreund lege, trete ich ihn bis Ablauf dieses Monats nur zu gerne an eine couragierte und in der Anwendung der neuen Kommunikationsformen geschulte Frau ab. Chapeau!

April 2014:
Frühling ist toll, weil ….

Eine Kolumne zu verfassen ist gar nicht so einfach. Man braucht ein Thema, über das man sich auslässt. Und das jeden Monat. Nun bieten sich bestimmte Themen gera-dezu an und drängen sich auf und andere zur Seite. Zum Beispiel immer wiederkehrende Feste und Jahreszeiten. Wenn man genau über die aber nicht nachdenken und schreiben will, weil man dem geneigten Leser auch etwas Neues bieten möchte, kann es schon einmal eng werden. So auch diesmal. Als ich mich mit Peter Wagner bei Facebook darüber austauschte, was denn wohl ein geeignetes Thema für diese Kolumne sei, schlug er Frühlingsgefühle im Allgemeinen und eventuell auch im Speziellen vor. Klang angesichts der Jahreszeit einleuchtend und nach halbherziger Gegenwehr machte ich mich ans Werk. Der Frühling, aha. Ich lehnte mich ein wenig zurück, schloss die Augen und ließ mein Kopfkino zum Thema Frühling ablaufen. „Es soll Lust auf Frühling machen", hatte ich noch Peters weise Worte im Ohr. Lust auf Frühling machen, hmmm – als ob man eine Wahl hätte. Als ob man sagen könnte: „Nö, da habe ich jetzt keine Lust drauf. Ich mach gleich mit Hochsommer und dann goldenem Herbst weiter", wenn da nicht ein netter Kolumnist käme und Lust auf Frühling machen würde. Angesichts dieser Verantwortung bekam ich es schon ein wenig mit der Angst zu tun und bemühte mich redlich, auch recht frühlingliches Zeug zu assoziieren. Um es ein wenig abzukürzen habe ich mal die Ergebnisse dieses Bemühens ohne wertende Reihenfolge zusammengetragen. Sie können selbst entscheiden, ob die Bilder Lust auf Frühling machen. Da hätten wir Horden bewegungs-unerfahrener Radler im fortgeschrittenen Alter, die sich zu unpassierbaren Pulks zusammenschließen und Straßen verstopfen. Das ist an sich schon ziemlich gaga, aber darüber hinaus haben sie absolut kein Verständnis dafür, dass die Automobilisten keine Lust haben, fröhlich winkend und im flotten Schritttempo diesem Pulk nachzurollen und sich aufmunternde Kommentare zurufen zu lassen anstatt dass die Bestussten – wie es sich gehört – in ordentlicher Reihe fahren, wie es mein Sohn schon im Kindergarten gelernt hat. Richtig garstig werden sie, wenn sie mit 20 Leuten die Terrasse eines Lokals blockieren, weil zwei von ihnen eine Schorle trinken wollen. Denn dann ist immer ein Arschloch dabei, das versucht, durch lauten und falschen Gesang die Zahlung der Getränke zu ersetzen. Das klingt nicht nur scheiße, das ist auch sehr unhöflich gegenüber den Mitmenschen. Da hätten wir aber auch gequetschtes Fleisch in allen Abstufungen der Blässe, das aus Stoffverpackungen quillt, die im Vorjahr noch gepasst hatten. In den letzten Jahren sind diese unappetitlichen Zellverbindungen auch noch mit viel zu großen und grottenhässlichen Tattoos versehen, die weit in die Welt hinaus zu schreien scheinen: „Schau nur, ich bin ein Proll und ich bin stolz drauf!" Alternativ dazu wären borstige, spindeldürre und schneeweiße Männerwaden zu erwähnen, die nach unten in einer Komposition aus dunklen Socken und Gesundheitssandalen verschwinden. Da sind aber auch lustige Mottos auf T-Shirts, die da lauten „Ich Chef, du nix" oder „Bier formte diesen Körper" oder „Ich bin schön, du hast nur schlechte Augen". Oder einfach nur „Titten, Saufen – lustiger Spruch". Da sind Kinder, die einem ungerührt mehrmals hintereinander mit einem Laufgerät aus scharfkantigem Metall in die Hacken ballern und dann jedes Mal frech grinsen. Da sind deren Eltern, die dem Treiben ungerührt zuschauen und erst aktiv werden und einem Prügel androhen, wenn man das entsprechende Laufgerät nach der gefühlt hundertsten Kollision mittels eines Wurfes über eine Hecke entsorgt. Da sind die geistvollen Kommentare der Menschen, die man das ganze Jahr über nicht sieht, die aber ab 20 Grad Außentemperatur ihre Tagesration Bier mit Freunden auf dem Balkon zu sich nehmen und dabei die Umgebung mit ihren abenteuerlichen Thesen zu Politik, Gesellschaft und „den Bescheuerten" im Allgemeinen beschallen. Man erfährt dann abends um elf, was die ihrem Chef oder der Tante auf dem Amt sagen würden, wenn sie sich trauten da hackedicht aufzuschlagen. Ich schreibe das wenigstens noch auf, was bis auf „klackklack..." keine Geräusche verursacht. So macht man das als praktizierender Men-schenfreund. Da sind die Politessen, die auf einmal 24 Stunden am Tag unterwegs sind, um ihre lieben kleinen Botschaften an den Scheibenwischern der Fahrzeuge zu verteilen. Wenn es unter zehn Grad ist oder regnet, denkt von denen nie eine an mich oder lässt mir mal ein liebes Zettelchen zukommen. So, das war es, was da vor meinem inneren Auge zum Thema „Frühling" vorbeizieht. Ich hoffe, es hat Peter Wagner und Ihnen Lust auf diese Jahreszeit gemacht.

Eines noch, bevor ich meinen Platz aufgebraucht habe: „Es kommt die Zeit – wohoooo – in der das Wünschen wieder hilft ....!" Und wie lange habe ich mir gewünscht, dass Ulli H. aus München mal einen ordentlichen Tritt in den Allerwertesten bekommt. Und tatsächlich. Mit den Nachwirkungen des Trittes wird er sich einige Monate täglich beschäftigen müssen. Ich gönne es ihm. So, das war's jetzt aber wirklich. Bis demnächst, bleiben Sie mir gewogen!

Mai 2014:
Denkt nach, auch wenn´s wehtut!

Der Wonnemonat Mai bringt uns ja bekanntlich allerhand fürs Auge. Einblicke, Ausblicke und Anblicke wohin der Blick schweift. Und mittendrin neuerdings grinsende Köpfe. Denn es ist Wahl. Am 25. Mai, praktischerweise ein Sonntag, sind die Menschen aufgerufen, in Scharen ihre ihnen zugeteilten Wahllokale aufzusuchen und ihre Stimmen abzugeben. Vielmehr Kreuzchen, die sie symbolisch für ihre Stimmen abgeben. Das mit den Stimmen hätte zwar was, wäre aber angesichts der Größen, die Wahlbezirke erreichen können, logistisch kaum zu stemmen. Wie das gehen würde? Nun, nach urururalter Väter Sitte, und das ging so: Wir würden uns am verabredeten Tag mit einem Schild und einem Knüppel oder etwas ähnlich Martialischem auf den Weg machen, sobald das Horn dumpf aus der Ferne tutet. Dann würden wir flugs zum sogenannten „Thing" gehen. Das wäre dann ein Platz, so groß wie ein Fußballfeld, auf dem wir uns versammeln und ordentlich grimmig aus der Wäsche schauen, um die Wichtigkeit unseres Tuns zu unterstreichen. Dann würde ein altehrwürdiger Druide – im Rheinland also eher der Pastor – die Götter anrufen, um gute Ernte und reiche Beute bitten und dann zum Eigentlichen kommen. Mit einer majestätischen Armbewegung würde er die Auserkorenen für den Häuptlingsjob herbeizitieren, gestandene Kerle mit den Zeugnissen der vergangenen Schlachten im Gesicht und Bärten, hinter denen man sich tatsächlich ausziehen könnte. Diese würden dann mit einfachen und wenig blumigen Worten dazu aufrufen, für sie abzustimmen, weil uns sonst der Himmel auf den Kopf fällt oder jeder, der es nicht tut, ein paar aufs Maul bekommt. Danach bei der Abstimmung würden wir dann bei der Nennung des jeweiligen Namens einen Heidenradau mit unseren Knüppeln und Schilden produzieren oder wahlweise den Radau der anderen niederschreien. Da so natürlich nie fehlerfrei zu sagen sei, wer „die meisten Stimmen" hatte, würde das Ganze in einer herrlichen Rauferei enden, an die wir noch lange und gerne zurückdenken würden – was aber auch hieße, dass es uns eigentlich wumpe ist, wer denn nun Häuptling ist.

Nun, es klingt verlockend. Ich weiß, auch für mich als Menschenfreund. Quasi „Demokratie zum Anfassen und Mitgestalten". Aber so einfach ist das heute nicht mehr und angesichts der Menge an Wahlen, die so zu bewerkstelligen wären auch sehr kräftezehrend und damit volkswirtschaftlich geradezu kontraproduktiv. Also geben wir heute nur unsere Stimmen in Form von praktischen Kreuzchen ab, die an sich jeder ohne große Übung hinbekommt. Es wird auch nicht mehr gerne gesehen, wenn man die Stimmabgabe mit lauten und aggressiven Wortäußerungen garniert oder Leuten, denen man eine andere Gesinnung unterstellt ein paar reinhaut. Also „zi-vi-li-siert". Daher ist es auch angeraten, sich schon zu Hause Gedanken zu machen, wem man denn seine Stimme anvertrauen will. Was will der denn damit machen? Den Bau von Umgehungsstraßen stoppen, von denen ich noch nie gehört habe? Oder den vom Aussterben bedrohten Feldhamster im Stadtpark wieder ansiedeln? Wer weiß, da gibt es eine Vielzahl lustiger Themen, mit denen man sich beschäftigt haben sollte. Das mag zwar Ungemach bis hin zu Kopfschmerz verursachen, aber es lohnt sich. Und bei einem Wahlvorgang, wie ich den oben beschrieben habe, wäre die Wahrscheinlichkeit von Kopfschmerzen weitaus höher. Noch ein Tipp: Am 25. Mai lohnt es sich doppelt. Denn neben der Kommunalwahl kann man auch bestimmen, wer sich ab jetzt in Brüssel für gutes Geld den

Hintern plattsitzt und dem multilingualen Geschnarche im Plenarsaal ausgesetzt sein wird. Das hat was von Dschungelcamp und ist eine gute Gelegenheit, mal so richtig ausgiebig Demokratie zu praktizieren und Kreuzchen zu verteilen. Und bitte: Nur Kreuzchen. Ausmalen der Kästchen und nette Grußbotschaften auf den Zetteln führen zum Ausschluss von der Verlosung. Und der Rechtsweg ist natürlich ausgeschlossen.

Juni 2014:
„Und es war Sommer ...

... das erste Mal im Leben. Und von Liebe wusste ich nicht viehiel. Sie wusste aaaalles .. und sie ließ mich spüren: ich war kein Kind mehr..."

Gibt es ein Lied, das das Thema „Summer of Love" besser in poetische Worte fasst als diese wundervolle Schnulze von dem nicht weniger wundervollen aber etwas zu kurz geratenen Peter Maffay? Sicher nicht. Am wunderbarsten ist aber die Stromgitarre, die zur rechten Zeit dieses unvergessene und so herzerweichend melancholisch klingende „Piuu-Piuu-Piiiuuuuuu" verursacht. Und diese drei verzerrten Töne reichen, um das Lied für Vertreter meiner Altersgruppe – also satt „Ü30" mit Luft nach oben – unvergessen zu machen. Da geht gleich das Kopfkino an und selbst wenn man nicht von einer älteren scharfen Braut als Teenager vergenusswurzelt wurde, weiß man aber spätestens nach diesem Lied, wie es sich rückblickend anfühlen würde, wenn es denn so gewesen wäre. Hach, da atmet man ganz tief durch und hat ein beseeltes Lächeln. Ich glaube, dass ich mein Leben der ersten drei, ach was vier Jahrzehnte mit den jeweiligen Sommerschlagern des Jahres sehr anschaulich darstellen könnte. Da kämen dann die frühen Schlager der Hitparade, denen ich als Kind schutzlos ausgesetzt war: Der Tag, als Konny Kramer starb. Klar war das ein schwerer Tag und alle Glocken läuteten. So muss es sich anfühlen, wenn der beste Freund sterben würde. Himbeereis zum Frühstück und Ein Bett im Kornfeld, achja. Selbst, wenn mir der Grinsemann mit dem bis zur Schamhaargrenze aufgeknöpften Hemd irgendwie suspekt war, bleibt es eine schöne Vorstellung für einen pubertierenden Springinsfeld, der ich damals war. Zum Glück legte sich das bald, nachdem ich begriffen hatte, dass Bräute durch einen sensiblen Musikgeschmack schwer zu beeindrucken sind. Da ich mir davon einiges versprach hielten Cat Stevens & Co Einzug in meine Plattensammlung, wurden aber bald von den Vertretern der reinen und lauten Lehre verdrängt. Bon Scott, Campino und Lemmy Kilmister hatten natürlich auch ihre ganz speziellen Sommerhits für mich parat, und fragen Sie nicht nach Sonnenschein. Schlimm sind Lieder, die man mit einer zumeist weiblichen Person verbindet. Die finde ich später immer scheiße. Die Lieder, nicht die zumeist weibliche Person. Sehr gut fürs zweisam Romantische waren Sachen von Cure oder Smith, mit diesem Hauch Melancholie und Verletzlichkeit. Die Sache hatte nur einen Haken: mir stand zum Verrecken kein Kajalstift …

Unvergessen mein Sommer mit Peter Fox und meine daher rührende Sehnsucht nach schmuddeliger Berliner Sommerhitze. Oder die französische Sängerin Zaz und ihr ins Leben hinausgeschrienes „Je veux", von dem ich nur einen Bruchteil verstehe, aber jedes Wort sofort unter-schreiben würde. Aber genug von mir, es geht um Sie! Lassen Sie uns doch Ihre persönlichen Sommerhits sammeln, schicken Sie sie an den GURU und spätestens im August melde ich mich zu dem Thema zurück und erzähle Ihre Sommerlieblingslied-Geschichte, oder Ihre oder sogar Ihre! Cool, oder?! Dazu brauche ich natürlich nicht nur Ihren erotischsten, wildesten, verträumtesten, lustigsten, traurigsten, bekifftesten oder romantischsten Sommerhit, sondern auch ein paar Worte darüber, wie er dazu wurde. Wir freuen uns schon narrisch auf die Flut an Postkarten und Mails, was mich veranlasst, die nächsten Wochen neben dem Redaktionsbriefkasten zu übernachten, um bloß nichts zu verpassen.

Juli 2014:
Watt ihr Volt!

Der Sommer bringt es oft an den Tag: Die Menschen haben einen an der Klatsche. Je wärmer es wird, desto eher brennt da was durch im Oberstübchen und dann fällt es eben auf. Nicht dass das schlimm wäre, Menschen sind halt so. Ich mag die meisten von ihnen so wie sie sind. Ein bisschen gaga ist sympathisch, wenn es überschaubar ist. Stellen Sie sich vor, es gäbe diese ganzen Vorsichhinbrabbler, Einspruchanmelder, Weltuntergangswarner, Mitkatzentänzer und Alufolienhelmträger nicht – da würde uns glatt was fehlen.

Aber hier und da stoße auch ich auch an Grenzen. So hatte ich neulich das besondere Vergnügen, einen mir bekannten Supermarkt aufsuchen zu müssen. Auf dem Parkplatz wurde ich Zeuge einer Szene, die ich natürlich mit Ihnen teilen möchte. Ich hatte mich entschieden, draußen auf meine Gattin zu warten und auf das Fahrzeug Obacht zu geben. Und da wurde ich der beiden Objekte meiner Beobachtung gewahr. Sie schoben sehr schwarz gekleidet und weiße Haut zeigend mit einem Einkaufswagen voller Junkfood auf ein schwarzes Auto zu. Ich dachte mir: „Zu welcher Spezies der Bekloppten mögen die wohl gehören?" Dann schlossen sie auch schon den Wagen auf und ich wusste es: Es waren Aufdensackgeher! Eine Untergruppe der allgemein Bekloppten, die ab 20 Grad Außentemperatur nur Freude empfinden, wenn sie anderen auf den Sack gehen. Nach dem Motto „Schaut, hört und riecht, wie gut es mir geht" brauchen sie die Missbilligung ihrer Umwelt, um sich wild, frei und wahrscheinlich weniger schwarz und weiß zu fühlen.

Die beiden stellten also den Einkaufswagen mitten auf den Weg und aktivierten ihr scheinbar sehr starkes Musikabspielgerät. Dazu nahmen sie sich jede/r (?) eine Dose Energydrink aus dem Wagen und genossen erst einmal das wilde Gefühl der ungeteilten Aufmerksamkeit. Was da aus dem Auto quoll, klang so, als ob Sie Ihrem Lieblingsnachbarn ohne Betäubung zuerst die Zähne und dann die Zehennägel rausziehen, während dieser mit der Schleifhexe auf Metalluntergrund herumreibt. Menschenfreund, der ich bin, habe ich das mal in Worte gefasst: ROOOO-AAAAHH-RAAAAH-RAAAA BOOOAAAR-RRHAA-HAA-GRRRRR-GRAAAAA-QUIETSCH-BUMBUM-GRUMMEL-RRROOAAAAH-GRR.

Dazu brachen die beiden Unisex-Rocker aber nicht etwa in wildes Headbangen oder Pogo aus. Nein, sie froren ein und wirkten wie paralysiert. Ich dachte schon, ob ich mal rübergehen und ihnen Hilfe anbieten soll – brauchte ich aber nicht.

Denn plötzlich betrat die Hausfrau aus dem Family-Van nebenan die Szene. Neben Tüten schleppte sie auch ein ungehaltenes Kleinkind, das angesichts der oben zitierten Musik noch ungehaltener wurde. Sehr zur Freude der beiden lethargischen Headbanger, die sich darüber gar köstlich amüsierten. Doch die gute Mutter weiß Rat. In diesem Falle aktivierte sie kurzerhand ihre eigene Musikbeschallungsapparatur im Auto und eine Zehntelsekunde später wurde der Trash der beiden Schwarzbanger von einer Woge guter Laune und engelsgleichen Kinderstimmen förmlich weggefegt. Gegen Godfather Rolf Zukowskis Wandergitarre ist kein Kraut gewachsen. Vor allem, wenn sie unter Zuhilfenahme der vorletzten Tour-Anlage von Motörhead erklingt. Und die musste es sicher sein, die da aus den Tiefen der Großraumkutsche heraus zu arbeiten begann und in Sekundenbruchteilen den gesamten Parkplatz in einen Kindergeburtstag verwandelte. Als das Auto der beiden quasi unter den Frohsinnswellen zu hüpfen begann, gab das vermutlich weibliche Schwarze dem vermutlich männlichen ein Zeichen und sie hatten in

Nullkommanix ihr Junkfood ins Auto geworfen, sich selbst hinterher und schon traten sie den Rückzug an. Ich wollte der Dame zur Anlage in ihrem Auto gratulieren, aber sie verstand mich nicht …

August 2014:
Deutschland ist Waldmeister!

13. Juli, kurz vor Mitternacht (MEZ), 113. Minute des WM-Finales Deutschland gegen Argentinien: Der frisch eingewechselte Götze erzielt freischwebend den erlösen-den Führungstreffer im Maracanã-Stadion. Er wird gefei-ert, alle springen auf, ich jaule. Nicht vor Freude, sondern weil ich anteilnehmend zeitgleich mit Mario gegen einen Stuhl treten musste, der sich angesichts des Stoffschuhs am ausführenden Fuß als überaus schwer und überaus stabil ent-puppte. Mein rechter Ringzeh, also der zweit-kleinste, beschloss so-fort anzuschwellen und es mir der-art gehörig heimzuzahlen. Aber was nimmt man nicht alles hin, um wieder Weltmeister zu sein?! Und dann noch Götze, der ein kollektives „Oh nee, nicht der, was soll das denn?" auslöste, als Oberdruide Jogi ihn einwechselte. Aus-gerechnet dieser Mario Götze hämmert das Ding dann für Torwart Sergio Romero unerreichbar ins Netz und 80 Millionen Deutsche in den Fußballolymp. Was kümmert mich da mein doofer Zeh?

Das sind diese ewigen Momente, zu denen Campino dann „An Ta-gen wie diesen" anstimmen darf, ohne gleich mit brennenden Fa-ckeln vom Platz gejagt zu werden. Überall stimmten irgendwelche Leute irgendwas an, schwangen sich in ihre Fahrzeuge und cruisten und stauten hupend durch die Stadt. Alles so, wie man es sich vor-stellt. Die üblichen Vollpfosten von der „Sieg Heil"-Fraktion nah-men den Sieg unserer bunten Multikulti-Truppe im fernen Brasilien zum Anlass, um mit erigierten rechten Armen am Steakhaus vorbei zu paradieren. Und wenn man bedenkt, wie viele junge Menschen sich ebenso sinnlos wie tatendurstig in die Arme flossen, wird die Zahl der kleinen Marios und Bastians, die im Frühling das Licht unserer weltmeisterlichen Welt erblicken werden, sicher die Nachwuchsprobleme der umliegenden Kreisligaklubs mittelfristig lösen. Das war 2006 schon so und trieb meinen Sohnemann auch in die Fänge des heimischen Vereinsfußballs. Seitdem muss ich aus dem Stehgreif umfassende Spielanalysen abgeben, transportiere pro Saison mit dem Auto gefühlte zwei Zentner Ascheplatz von einem zum nächsten Standort und habe mich als Menschenfreund längst daran gewöhnt, dass unser Auto nach dem Training nach nassem Hund und durchgelullerten Wolldecken riecht. Und warum sollte es nachfolgenden Elterngenerationen besser ergehen als mir? Ihnen stehen Jahre des Bibberns oder Schmorens am Spielfeldrand bevor, nicht endenden schwachsinnige Wortbeiträge völlig hirnverstopfter Fußballkenner, die eine oder andere halbherzige Schubserei mit betrunkenen Fußballvätern und zentnerweise verkohlte Bratwurst, die in Hektolitern schalen Kirmesbiers ersaufen, bis der Körper nachgibt und sich das unvermeidliche Brauereigeschwür bildet, dem man würdevoll nur noch im jeweilig aktuellen Trainingsoutfit der Borussen Herr werden kann. Merken Sie was?

Aus der Nummer kommen Sie nicht mehr heraus. Schließlich ist in zwei Jahren schon die nächste geile Riesenparty mit Rudelgucken und anschließendem Rudel-wasauchimmer. Und so geht es immer weiter und weiter und weiter. Und so sind wir Waldmeister zum ewigen Weltmeister verdammt. Wie sollten wir sonst den Nachfolgern unserer Kinder erklären, weshalb es „früher" geklappt hat und jetzt auf einmal nicht mehr. Ich glaube, das schreibe ich jetzt nur, weil mein Scheißzeh immer noch wehtut.

Mal was anderes: Wer ist wirklich traurig, dass Luc de Jong demnächst nicht mehr für die Borussia übers Feld hoppelt? Pieter, ein niederländischer Freund von mir, freut sich ein Loch in den Bauch über den „guten Fang". Ich habe extra ganz geknickt getan, damit er nichts merkt und eventuell noch die anderen warnt. Wen ich aber demnächst fest und exklusiv für die Borussen hoppeln sehen will, das ist Christoph Kramer. Beeindruckend und von besonderer Qualität. Ein Spieler, der dermaßen einen vor den Dätz bekommt, dass ihm viele aktiv gespielte Minuten nachher einfach fehlen, der hat was. Wenn er sich dann noch als frisch gebackener Weltmeister daran erinnert, der lieben Oma in Berlin übers Fernsehen die besten Grüße zu bestellen, weil er ihren Geburtstag verdaddelt hat, dann muss der Mann nach Gladbach. Habe ich Recht oder habe ich Recht?

So, jetzt leg ich mein geschundenes Weltmeisterfüßlein wieder hoch und kühle es innerlich. Bis demnächst.

September 2014:
„Keinen Hugo, der spritzt.
Lieber ein Bier!"

Der Sommer hat ja meistens ein paar Überraschungen im Petto, über die man eigentlich nur noch den Kopf schütteln kann. Nicht zu verachten sind zum Beispiel die seltsamen Getränke, mit denen jedes Jahr die Geschmacksnerven der Konsumenten auf harte Proben gestellt werden. Zielgruppe für diese Getränke sind zumeist Frauen. Die gelten allem Anschein nach als experimentierfreudiger. Männer sind wohl nicht hip genug für die süßen und promillemäßig unterbestückten Getränke. Während Männer mit ihrer persönlichen Biermarke durchaus alt werden können, scheinen Frauen nur darauf zu warten, dass irgendein Produktmanager sie mit neuen Leckereien beglückt. Das geht dann so: Zuerst wird in den Restbeständen dasjenige Produkt herausgesucht, das sich nachweislich in den Monaten zuvor am wenigsten verkauft hat. Dem wird dann noch eine ordentliche Menge Zucker und eventuell ein wenig Farbstoff zugefügt, damit es auch absolut nicht so aussieht wie etwas, das „Mann" freiwillig trinken würde. Denn was das gepflegte Trinken betrifft, da wollen sich Frauen ja zumeist von ihren männlichen Konkurrenten absetzen. Und wenn es nur farblich ist. Aber zurück zum perfiden Plan des Produktmanagers. Der sucht sich jetzt nämlich in einer Werbeagentur seines Vertrauens den Grafiker heraus, der bislang immer durch absolute Griffe ins Klo aufgefallen ist. Und der darf dann ein Etikett entwerfen, in dem Pastelltöne und eine Orgie von Rosaabstufungen dominieren. Die schrille Geschmacklosigkeit hat nur einen Sinn: Sie soll sich gnadenlos und absolut unlöschbar in die Wahrnehmung der Frauen einbrennen. Frauenhirne sind anfälliger für solche Entgleisungen. Wie sonst würden sich Keilabsätze,

Glanzleggins oder Schulterpolster erklären lassen? Geschmacklos allein genügt nicht, wenn es darum geht, über das Herz die Leber der Frau zu erobern. Ein Name muss her, der auf jeden Fall „irgendwie bescheuert" klingt. So muss es wortwörtlich auch im Briefing dieses Jahres gestanden haben, denn – Hand aufs Herz – wie käme man sonst auf einen Namen wie „Bruno spritzt". Ich meine, kann es nicht egal sein, was irgendein Bruno oder Hugo so treibt? Und was bitteschön hat das mit gepflegtem Trinken zu tun? Nun, dieselbe Frage hat man sich sicherlich vor einigen Jahrzehnten auch beim „Kröver Nacktarsch" gestellt. Die letzte Zutat im Cocktail der Verführung ist dann eine Werbung, bei der man zu lustiger Musik einer Horde junger Mädels bei so ziemlich allem außer Trinken zuschauen kann. Sie hüpfen durch den Regen, führen sich wie Fünfjährige auf Ritalin auf, weil ein Stoppelbartträger am Tresen rübergezwinkert hat und hocken am Ende zusammen auf einem Sofa mitten auf einer Wiese und lachen sich `nen Ast ab. Dazu ein Slogan à la „Weil wir so jecke Hühner sind, darf Bruno immer bei uns spritzen" und das Zeug hat das Potenzial zum absoluten Sommerdrink und Schädelspalter! Im Abspann sieht man dann Feuerwerk, das angesichts des Produktnamens ein weites Feld an Interpretationen zulässt.

Kurz nachdem ich die Werbung zum ersten Mal bewusst wahrgenommen hatte, hörte ich allenthalben in den Bistros und Kneipen „Einen Hugo bitte" oder ganz gewagt „Einen Spritz für mich und die Mädels". Neulich bestellte ich in einer Gaststätte meiner Wahl ein Bier und der Doof mit dem Tablett fragt mich allen Ernstes „Lemon, Juicy, Orange, Malt added, Fresh Ice oder Exotic Sensation?" Ich bin dann gegangen. Vielleicht versuch ich es im Herbst noch mal.

Oktober 2014:
„Ich nominiere
den gesunden Menschenverstand."

Ich bin ja ein großer Freund der sozialen Netzwerke. Man kann sein Leben so darstellen, wie man es gerne leben würde, die blödesten Sachen „liken" und sich rühmen hunderte Freunde zu haben – die alle letztendlich nichts von dir kennen als deine hübschpolierten Übertreibungen und gephotoshopten Bilder. Und richtig hinschauen tut auch keiner. Ich habe neulich beim Zuckerberg meinen Beziehungsstatus von „In einer Beziehung" auf „Verheiratet mit ..." geändert, weil meine Gattin mir sonst die Grundverpflegung ersatzlos gestrichen hätte. Ich also flugs mein Profil aufpoliert und als Datum des besagten Events auch wahrheitsgemäß das Jahr 2001 eingegeben. Das hielt aber nicht davon ab, mich mit Glück- und Segenswünschen zu überhäufen und es auf Teufel komm raus zu liken. Die meisten kenne ich sogar persönlich und die auch meine Frau. Trotzdem rief die Bestätigung eines hinlänglich bekannten Umstandes eine Welle des Glücks und der Seligkeit hervor. Ich frage mich, was wohl passiert, wenn ich in demselben Profil mein männliches Geschlecht noch einmal explizit hervorhebe. Dann bekomme ich bestimmt eindeutige „Willst du mit mir gehen"-Anfragen von liebestollen Protagonisten beiderlei Geschlechts. Weil das ja keiner vorher ahnen konnte. Ich schätze aber, dann kann ich die komfortable und schmackhafte Versorgung mit Speisen aller Art durch meine großzügige und versierte Gattin erst einmal abschreiben.
Ja, das Netz und seine Werke sind schon sexy. Einige Mit-menschen würden ja glatt ganz ins Netz abwandern und vom analogen zum digitalen Fach wechseln, wenn das irgendwie zu bewerkstelligen wäre. Letzthin bot es ja die Möglichkeit, sich Seit an Seit mit Charly

Harper, Miley Citrus (oder wie immer das Gör heißt) und dem Wegberger Bürgermeister sowie den führenden Köpfen dieses Magazins für eine wirklich gute Sache zu engagieren, indem man sich einen Eimer Eiswasser über den Kopf schüttet und sich beim spontan einsetzenden Schockpinkeln filmen ließ. An sich ganz ehrenhaft, weil es ja um die Erforschung der Krankheit ALS ging. Und um die knapp 300 000 Euro Jahresgehalt, die die Vorsitzende der Stiftung einstreicht, nachdem rund 70 Prozent des Spendenvolumens in die Finanzierung der Stiftung geflossen sind. Aber Schwamm drüber, hat ja allen Beteiligten Spaß gemacht. Und dann hat es ja noch reichlich kreative Blüten getrieben. Palästinenser haben sich in der Feuerpause des israelischen Beschusses Eimer mit Sand über den Kopf geschüttet und eine Bekloppte hat sich eigens dafür nackig auf ihr Pferd gesetzt. Was meinen Sie, was das für eine Gaudi war, als das Pferd haarscharf schloss, dass es gerade ohne Vorwarnung Eiswasser von oben regnet. Was habe ich gelacht. Das war dann an dem Tag mein Lieblingsvideo und hat die hunderte anderen Videos zum selben Thema auf die Plätze verwiesen. Schade eigentlich, dass die Bucket-Welle jetzt abebbt, wo es aufgrund des Wetters viel interessanter wäre, sich draußen Eiswasser über den Dätz zu schütten.

Noch viel schöner wäre es aber, wenn wir alle regelmäßig den gesunden Menschenverstand nominierten, unsere Geldbörsen zückten und gezielt für dies und das spendeten. Natürlich erst, nachdem die jeweilige Stiftung ihren Persilschein gezeigt und nachgewiesen hat, dass wir damit nicht die Brustvergrößerungen der Geschäftsführergattinnen finanzieren. Außer es ist die Hugh-Hefner-Stiftung, das ist was anderes. Da bin ich dann ganz der gute alte Menschenfreund, als den Sie mich kennen.

P.S.: Bislang sind noch keine Nominierungen zum persönlichen Sommerhit eingetroffen. Machen Sie sich auf einen blauen Brief gefasst, und die Benotung für außerschulische Aktivitäten wird wohl diesmal auch nicht so toll ausfallen.

November 2014:
„Ich dachte mir, nimm es mal mit,
bevor es noch einer klaut."

Es geht ja nichts über eine gute Ausrede. Vor allem, wenn man so den Hals aus der Schlinge ziehen und sich selbst vor einer Menge Ärger bewahren kann. Da sollte man ruhig mal fünfe gerade sein lassen, wie man so schön sagt. Schließlich dient die Ausrede ja einem guten Zweck. Jetzt lernt man ja schon im frühen Kindesalter, dass man nicht lügen sollte. Dieses Argument kann aber einer guten Ausrede nichts anhaben. Denn Ausreden sind keine Lügen. Vielmehr sind Ausreden die logische Verknüpfung von Realem und Irrealem, von Zukunft und Vergangenheit, von „hätte" und „hat" oder „hat nicht, weil". An sich sind das Größen, die nicht leicht in eine Verbindung gebracht werden können, vor allem, wenn diese Verbindung nur dem Zweck des Selbsterhalts dient.

Wie interpretiert man zum Beispiel das Vergangene nachträglich so um, dass das offensichtlich Versäumte quasi doch getan worden ist ohne es zu tun. Das beherrschen die Menschen aus unserer Heimatregion ausgezeichnet, wie schon der Kabarettist Konrad Beikircher bewundernd festgestellt hat. Zum Beispiel: Sie sitzen als praktizierender Rheinländer im Büro und langweilen sich so dynamisch dem Feierabend entgegen. Ihnen gegenüber sitzt ein Westfale. Als ob das noch nicht schlimm genug ist, betritt auch noch der Chef das Büro und verlangt Auskunft über den Fortgang einer bestimmten Tätigkeit, zu der er Sie und Ihren Kollegen vor geraumer Zeit aufgefordert hat. Er sagt also zum Beispiel: „Wie sieht es denn mit den Bilanzzahlen aus? Haben Sie die schon fertiggestellt, wie ich es Ihnen aufgetragen hatte?" An sich schon unverschämt, einen daran überhaupt zu erinnern, aber was jetzt? Nun, der westfälische Kollege wird das Gesicht versuchen unschuldig zu verziehen, vielleicht noch

Unwissen vortäuschen, dann aber irgendwann eingestehen müssen, dass er es nicht getan hat. Was der Chef naturgemäß nicht so gerne hört. Bei Ihnen sieht die Sache schon ganz anders aus. Denn sie können reinsten Gewissens und ohne zu lügen sagen: „Ich wollte quasi gerade damit angefangen haben." Schon haben Sie das Unheil abgewendet und stehen wie ein emsiges Bienchen da, das eigentlich nur durch die unsinnige Frage von der Erledigung dessen abgehalten werden, was Sie schon die ganze Zeit tun wollten – und worauf Sie sozusagen hingefiebert haben. Warum geht das? Weil wir hier die partizipiale Verlaufsform des Präteritums im Irrealis schon mit der Muttermilch aufgesogen und im Laufe unseres Lebens perfektioniert haben. So sind wir in der Lage, etwas nachzuholen ohne es zu tun oder es je vorgehabt zu haben.

Noch klarer wird das Prinzip der wirklich logischen Ausrede in folgendem Beispiel, das ich als praktizierender Menschenfreund für Sie vorbereitet habe: Ein Mann war fälschlicherweise des Diebstahls bezichtigt und deshalb vors Gericht geladen worden, wo er sich zu dem Vorwurf äußern sollte. Die Faktenlage sprach auf den ersten Blick gegen ihn, da man ihn mit besagtem Diebesgut in der Tasche aufgegriffen hatte. Was aber niemand wissen konnte, war die Tatsache, dass der Mann nur einem Verbrechen vorbeugen wollte, denn in seinem Bestreben einen Diebstahl zu verhindern, hatte er den Gegenstand vorsorglich an sich genommen, wie er durchaus glaubhaft zu Protokoll gab. Erfreut ob so viel Selbstlosigkeit machte sich ein strahlendes Lächeln im Gesicht des vorsitzenden Richters breit, während der Rechtsbeistand des Angeklagten seine Freude dadurch verbarg, dass er den Kopf in beiden Händen versteckte. Und was soll ich Ihnen sagen? Der Mann wurde tatsächlich wegen des angeblichen Diebstahls verurteilt. Ich halte das aufgrund der logischen Erklärung für einen glatten Justizirrtum. Der Richter war anscheinend Westfale.

Dezember 2014:
Ich bin auch Weihnachten
scheiße und stolz darauf!

Sagen Sie „nein!" zu Rührseligkeit und vorweihnachtlichen Ge-
fühlsverwirrungen! Wehren Sie sich, wenn Sie bei Wham´s „Last
Christmas" oder „Rudolf mit der roten Nase" mitsummen wollen.
Sagen Sie entschieden nein zu „Schwamm drüber" und „Sollen wir
uns nicht wieder ver-tragen" mit Menschen, wegen denen Sie eigens
Voodoo-Grundkurse bei der VHS belegt haben. Denken Sie immer
daran: Neuanfang ist die kleine Schwester von Weichei! Ein Tisch-
tuch, das einmal zerrissen wurde, wird nicht da-durch wieder ganz,
indem man auf beide Reststücke lustige Tannenbäume oder win-
kende Weihnachtsmänner druckt. Warum sollten Sie Schmach und
Häme, die Ihnen vielleicht zuteil geworden ist, vergessen – nur weil
es wieder einmal weihnachtet. Als ob es das nicht jedes Jahr tut, und
dann noch immer zur selben Zeit. Und weil es weihnachtet, sollen
Sie vor lauter „jingle" und „bells" Ihren Frieden machen mit den
größten Arschkrampen, die es in Ihrem Universum gibt. So weit
kommt das noch! Andererseits: Warum sollten Sie bei jemandem zu
Kreuze kriechen, dem Sie so richtig fett eins reingewürgt haben?
Wegen Weihnachten und den rührseligen Disney-Filmen, die uns
weismachen wollen, dass der Weltfrieden sich sofort einstellt und
der Hunger allenthalben besiegt ist, weil Sie sich aussöhnen? Never!
Dann hätte sich das ja gar nicht gelohnt.
Sie sehen also, die Vorweihnachtszeit stellt uns auf Gemütsproben
der allerhärtesten Art. Nicht nur, dass wir uns Gedanken darüber
machen müssen, was jemand anderes wohl gerne auspacken würde.
Nicht nur, dass wir einen Tisch für viele Verwandte am zweiten
Weihnachtstag ergattern müssen – wohlwissend, dass der eine es

nicht so mit Mittelmeerküche hat und der andere gutbürgerlich ablehnt wie der Teufel das Weihwasser. Nein, wir werden auch ständig geradezu genötigt, nett zu Menschen zu sein, die uns gehörig auf den Sack gehen und für die normalerweise in unserer Welt gar kein Platz ist. Ein Bruder meiner Frau meldet sich zum Beispiel nur kurz vor Weihnachten. Dann ruft er an, fragt scheinheilig, wie es uns denn so geht und ob wir nicht mit ihm zusammen dem lieben Vater meiner Frau ein tolles Geschenk machen wollen. Und wie jedes Jahr hat er sich dann auch schon was ausgedacht, das wir eigentlich nur noch zu kaufen brauchen und seinen Namen ganz oben mit auf die Karte schreiben müssen. Einige Male sind wir darauf auch wirklich reingefallen. Da wir aber noch heute auf seinen Anteil für das erste teure Großgeschenk warten, haben wir es dann irgendwann mal drangegeben und beenden das Gespräch zumeist schnell, indem wie „jaja, jaja, sicher …" und ähnlich Belangloses erwidern, bis der Hörer wieder auf der Gabel liegt. So macht man das als Menschenfreund, wenn man dem Geplärre, das sich unweigerlich entwickeln würde, aus dem Weg gehen will. Der Abend ist dann natürlich trotzdem verhagelt.

Dieses Jahr werde ich es aber nicht bei „jaja, jaja, sicher" belassen. Dieses Jahr werde ich ihm mal richtig die Meinung geigen und ihm zeigen, wo der Dachdecker den Hammer hängen hat. Das wird mir ein Fest. Darauf freue ich mich schon mehr als auf Heiligabend und übe das jetzt schon in der Küche und vor meiner Gattin, die die Augen verdreht und mich für „meschugge" hält. Mir macht es aber Spaß und darum geht es doch in der besinnlichen Vorweihnachtszeit, oder etwa nicht? Ich wünsche Ihnen, dass auch Sie die Gelegenheit finden, irgendwem gegenüber mal so richtig Dampf ablassen zu können und wünsche Ihnen ein frohes Fest. Feuer frei!

Januar 2015:
„Hau bloß ab, du Flitzpiepe!" oder
Ein Jahresrückblick

Liebe Freunde, lassen Sie mich die Gelegenheit und das Wort ergreifen, um dem nun fast hinter uns liegenden Jahr 2014 einen gebührenden Abschied zu bereiten. Dieses Jahr, das wie kein anderes unser aller Geschicke seit dem 1. Januar bestimmt hatte. Ein Jahr, das – und das möchte ich hier mit aller Entschiedenheit erwähnen – den Titel „2014" zurecht und für immer trägt und tragen soll. Uns allen wird es in Erinnerung bleiben als das Jahr, in dem Mario Götze uns an die Spitze der Fußballwelt schoss und der Textilindustrie die Einführung des lange ersehnten viersternigen Nationaltrikots ermöglichte. Wegen eines Sportereignisses, dem Uli Hoeneß nur mit einem selbstgebastelten UKW-Empfänger beiwohnen konnte, den er Stück für Stück am Körper versteckt in den Knast geschmuggelt hat. Man möchte nicht wissen, wie und wo! Das Jahr, in dem die Bayern die PKW-Maut einführen wollten und sinnleere Parteien wie die AfD allenthalben in die Parlamente einzogen, während die Piraten endlich Schiffbruch erlitten mit ihrer Vision der digitalen Demokratie. Gleichzeitig bemühen sich die Volksparteien darum, möglichst nicht mehr unterscheidbar zu sein für Otto-Normalwähler. Das Jahr, in dem Mönchengladbach das Festival „Rock am Ring" auf dem Tablett serviert bekam, ohne einen Ring für den Rock zu haben. Also ein durchaus großzügiges Jahr 2014, wenn man es richtig betrachtet. Aber auch ein völlig beklopptes Jahr, denn seit dem 1. Juli hat Italien die EU-Ratspräsidentschaft. Da kann 2014 aber nichts für, das ist so festgelegt. Dann wird 2014 als das Jahr in Erinnerung bleiben, in dem sich Russland und „der Westen" gegenseitig plattboykottieren. Die Russen kriegen keine Äpfel mehr von uns, wir dafür demnächst kein Gas mehr von denen – also, wenn wir es denen nicht so richtig gezeigt haben?! 2014 ist aber auch das Jahr, in dem wir uns aus Solidarität mit Nervenkranken Eiswassereimer über dem Kopf ausgeleert haben, um mal beherzt Herz zu zeigen und dabei auch noch so hip zu sein wie Justin Biber. Aber letztendlich ist 2014 für mich das Jahr, in dem ich Ihnen wieder zwölf Kolumnentexte auftischen konnte und mich deshalb wieder wirklich verstanden fühle. Danke! Ich freue mich schon auf 2015, das bestimmt nicht weniger bekloppt sein wird als sein Vorgänger.

Und damit auch Sie die Möglichkeit haben, Ihren persönlichen Jahresrückblick zu Papier zu bringen, habe ich (Menschenfreund, der ich bin) Ihnen hier ein wenig Platz eingeräumt:

....
....
....
....
....
....

Februar 2015:
Mit dem geilsten Arsch der Welt
bis Aschermittwoch

Viele Menschen überkommt ja eine gewisse warme Traurigkeit, wenn sie dann in den ersten Wochen nach Silvester die Insignien der Weihnachtszeit abräumen. Da werden die einzelnen Dekorationen minutenlang in Händen gehalten, als ob gerade dieses eine Weihnachten, das hinter uns liegt und doch auch an unseren Hüften klebt, das allerbeste Weihnachten aller Zeiten gewesen sei. Sei´s drum. Meine Holde, der beste aller Söhne und ich führen jedes Jahr denselben Stellungskrieg. Dabei geht es stets darum, wie lange der prächtig geschmückte Rieselhuber noch im Wohnzimmer bleiben darf oder muss – und Sie werden mich des Übertreibens bezichtigen, wenn ich Ihnen sage, dass es in der Endphase dieses Konflikts sogar um Stunden und Minuten geht, bis ich ihn endlich rauszerren und zerlegen darf. Währenddessen steht meine Familie im Wohnzimmer, hält versonnen dreinschauend irgendeine Weihnachtsdeko in Händen und schwelgt in Erinnerungen. Beim Thema „Glas halb leer oder halb voll" herrscht familienintern kein Konsens.
Zum Glück dauert diese irritierende Ziellosigkeit und Leere nur wenige Tage an, denn dann beginnt auch schon die Karnevalszeit und alle Sehnsucht nach Jingle Bells ist vergessen. Die Besinnlichkeit weicht einer aufgesetzten Frivolität. In Wirklichkeit hatte die fünfte Jahreszeit ja schon im November begonnen, wie Insider des rheinischen Frohsinns natürlich wissen. Nur wird sie quasi noch bevor sie richtig Fahrt aufnehmen kann, bösartig aus dem Bewusstsein der Jecken verdrängt durch Oh du Fröhliche und Glühwein. Zu Glühwein lässt sich nicht gut schunkeln. Und zu Oh du Fröhliche erst recht

nicht. Da kollidieren Interessenlagen und treiben seit Menschenge-
denken ein schändliches Spiel mit gottesfürchtigen Karnevalisten.
Aber jetzt sind die Fronten geklärt und die plumpe Umarmung und
das Aufdrängen von Alkohol am Vormittag gehören zum guten Ton.
Nicht dass mir das nicht oft entgegenkäme, aber all die hochprozen-
tigen oder frischgezapften Liebesgaben gesellen sich ja nur zu gerne
zu ihren weihnachtlichen Kollegen an meinen Hüften.

Für mich beginnt jetzt auch die Zeit des verwegenen Dreitagebartes.
Da ich beruflich in der Karnevalszeit unterwegs bin, erweist sich der
piksende Bützschutz als sehr nützlich. Ebenso ein Standardwitz, der
vom Niveau her irgendwo zwischen Herrensitzung und „Theke
morgens um eins" angesiedelt ist. Den benötigen Sie, um zu signa-
lisieren, dass Sie auf jeden Fall dem allgemeinen Konsens folgen
und so tun, als ob Sie nur an Sex und Alkohol denken. Mein „Standardwitz Session 2014/2015" geht wie folgt: „Meine Frau hat den
geilsten Arsch der Welt" Jetzt machen Sie eine Pause und hauen
dann ein „Mich!" hinterher, prusten aufmunternd los oder zwinkern
um sich. Der Witz kann auch von Kolumnenleserinnen in leichter
Abwandlung verwendet werden. Allerdings sollten diese dann eher
einen Grapschschutz mit sich herumtragen, da sicher einige männliche Zuhörer die Behauptung an sich verifizieren wollen. Das zu
vertiefen würde aber zu weit gehen. Kommen Sie gut durch die
fünfte Jahreszeit und bleiben Sie mir gewogen.

März 2015:
Von Vaginalmykosen und
lallenden Zombies

Die modernen Hilfsmittel der Kommunikation sind ja was Feines:
Sie erlauben es uns, jederzeit und von wo aus auch immer mit jedem
in Kontakt zu treten. Das ist schön, will aber gelernt sein. Denn mal
ehrlich: Wer braucht diese ganzen Zombies, die zu jeder Tageszeit
überall herumtorkeln und lauthals vor sich hin brabbeln. Irgendein
wirres Zeug und das dann in einer Lautstärke, das man sich automatisch angesprochen fühlen muss. Wenn ich an der Fußgängerampel
neben einem stehe, der auf einmal „Ey, hör zu, Alter!" sagt und außer mir niemand weit und breit zu sehen ist – dann fühle ich mich
irgendwie angesprochen, bis ich den Knubbel an seinem Ohr be-
merke. Warum tun diese Leute das? Weil sie es können und weil ihr
Smartphone mit einem dieser Ohrstecker geliefert wurde, die ich als
junger Mensch an Leutnant Uhura von der Enterprise total geil fand.
Das lag aber weniger an den Stöpseln als an Uhrura herself. Die hat
ja dann auch immer ganz wichtige Dinge gesagt. Das tun die Frei-
brabbler des 21. Jahrhunderts leider nicht. Sie vermüllen die Welt
mit ihrem verbalen Unflat und kennen weder Respekt vor ihren Mitmenschen noch die kindergartengerechte Erklärung von einem „Privatsphäre". Die verletzen sie nämlich am laufenden Band und mit
wachsender Ignoranz. Glauben die etwa, im Supermarkt will wirklich jeder hören, wie sie lauthals und oftmals in bedenklich erbärm-
lichem Deutsch über Themen salbadern, die ich nicht einmal im
Traum meiner Frau anvertrauen würde. Die glauben aber in Wirklichkeit gar nichts, weil ein „Mitmensch" als Person mit eigener Privatsphäre ihnen scheißegal oder zumindest weitestgehend unbe-
kannt ist. Die anderen, die sich so durch die Szene bewegen, sind

alle Features der lebensechten Spieleprogrammierung und sie sind die einzigen „characters". Wie diese sogenannten „Letsplayer", die in den Videocommunitys ihre eigene Computer-Daddelei kommentieren und filmen. Wahrscheinlich kann man froh sein, dass sie einen nicht mit einem riesigen Hammer zerdengeln oder völlig vaporisieren, während sie Firmeninterna, Börsenkurse oder die sexuellen Vorlieben ihrer Bettpartner in die Welt hinausplärren und sich eine Schneise durch die Realität schlagen. Platz da, verpisst euch. Egozentrisch, ekelerregend und entwürdigend ist das. Und zutiefst verabscheuenswert, lassen Sie sich das gesagt sein!

Ein Beispiel möchte ich Ihnen nicht vorenthalten. Neulich war ich früh am Morgen mit der Bahn in Richtung Mönchengladbach unterwegs. Das Abteil war der Tageszeit angemessen voll und ich hatte einen Kaffee in der einen und ein Croissant in der anderen Hand, die ich stehend vertilgen wollte. Neben mir stand eine junge Frau, die lauthals vor sich hin brabbelte, während sie ihre Tasche durchwühlte und Taschentücher und anderes Iiih-Zeugs, das Frauen in Handtaschen mit sich herumschleppen, über die Sitzenden verstreute. Das war an sich schon nicht so nett, aber das, was sie da in den Morgen hinausplapperte, war es noch weniger. Sie ergoss sie sich in sehr deutliche Beschreibungen ihrer aktuellen Vaginalmykose. Das wollte ich partout nicht wissen und versuchte, ihr dies mitzuteilen. Doch anstatt ihr Tun zu unterlassen, bellte die Maid mich an, wie unverschämt das denn jetzt sei und ob ich Spanner schon mal was von Privatsphäre gehört hätte. Ich schaute mich dann um und nickte verständnisvoll. Klar, wie konnte mir das passieren? Die Blicke der übrigen Mitreisenden schienen jedoch so etwas wie Unbehagen auszulösen, denn sie stellte ihr informatives Gespräch tatsächlich mit dem Versprechen ein, man könne ja gleich bei der Arbeit an der Theke weiterreden – da werde man wenigstens nicht belauscht! Dann gab sie ihrem Unmut noch einige Male zischend Ausdruck und schwieg. Mich übermannten zwei Erkenntnisse: Erstens kaufe ich „an Theken" keine Nahrungsmittel mehr, die nicht verpackt sind. Und zweitens, dass es absolut nicht ausreicht, der moralische Sieger zu sein. Obwohl ich ein Menschenfreund bin, musste ich gegen den Impuls ankämpfen, ihr in den Hintern zu treten. Stattdessen habe ich dann das Croissant und den Kaffeebecher in den Mülleimer entsorgt.

April 2015:
50 Graustufen der Blödheit

Erotik ist ja immer gut, vor allem im Frühling. Da ruft ja alles nach Lust. Und weil das so ist, gibt es rechtzeitig zum Erwachen der Frühlingsgefühle nun auch den Erotikfilm für Frauen. Sie wissen, was ich meine? Natürlich. 50 Shades of Grey heißt das Machwerk, das den Fantasien gehörig einheizt. Wenn man bedenkt, dass von der Buchtrilogie weltweit rund 70 Millionen Bücher vor allem an die Frau gebracht worden sind, ist klar, dass unter demselben Namen nun in den Kinos geknüpft, geklöppelt und unter Einhaltung höchster ästhetischer Standards ge****t werden darf. Weil alles so ästhetisch daherkommt und der Klöppelmeister auch noch ein echtes Sahneschnittchen ist, kommen natürlich vor allem Frauen in Wallungen, wenn man den Titel mit leicht emotional unterlegter Stimme flüstert. Versuchen Sie es mal. Als Gegenprobe empfehle ich ebendieses Flüstern bei einer zufällig ausgewählten männlichen Vergleichszielgruppe – da wallt nichts. Außer der Proband hat an sich schon gezupfte Augenbrauen und weiß auf Anhieb zwischen Pink, Rosa und Flieder zu unterscheiden. Das ist an sich nicht schlimm, verwässert aber das Untersuchungsergebnis.

Worum geht´s dabei? Nun, um es kurz auf den Punkt zu bringen: Junge und toll aussehende Frau lernt stinkreichen und gutaussehenden Schnösel kennen, verliebt sich in ihn und lässt sich von ihm verkloppen, durchwämsen und zu handlichen Paketen verschnüren. Dazu ein bisschen Irrungen und Wirrungen, Eifersucht und halbdunkle Kameraaufnahmen, für die man im Öffentlich-Rechtlichen den Kopf abgerissen bekäme, und schon hat man das Erfolgsrezept überhaupt. Ich rate jedoch dringlich davon ab, zu Hause nun mit

Abschleppseil und Kirmeshandschellen Pepp ins Liebesleben bringen zu wollen. Denn um sich das herausnehmen zu können bei der holden Weiblichkeit muss man vor allem den richtigen Beruf haben. Wie dieser Christian Grey.

Der führt nämlich die Berufsbezeichnung „Milliardär" und kann sich als solcher eine Menge erlauben. Man mag es kaum glauben, aber „Milliardär" ist einer der angesehensten Berufe, die man ausüben kann. Und wenn man ihn ausübt, dann ist man auf einmal auf jeden Fall sexy. Egal was man macht. Ob man im Feinrippunterhemd shoppen geht oder eben einer süßen Maid die Hammelbeine langzieht und sie dann wie einen Rollbraten verpackt. Oder umgekehrt. Wenn ich das als „Kolumnist" bei meiner Gattin versuchen würde, würde ich einiges an Gelächter oder schlimmstenfalls ein paar Beulen ernten. Ob ein praktizierender Milliardär in diesem speziellen Fall allerdings glimpflicher davonkommen würde, wage ich zu bezweifeln.

Darüber hinaus muss der Milliardär auch wissen, dass sich das so in seinem Berufsstand gehört. Das hätte uns vielleicht ganz real allen eine Menge an Unannehmlichkeiten erspart. Zum Beispiel hätte dieser Herr Maschmayer nicht zigtausende Sparer abziehen müssen, um sich toll zu fühlen. Es hätte vollkommen gereicht, wenn er der Veronika Ferres ordentlich den Podex blaugehauen und sie dann versandfertig eingepackt hätte. Oder eben umgekehrt. Das wäre nicht nur mir, sondern auch Tausenden seiner geprellten Opfer sicher lieber gewesen.

Es bleibt die Frage, weshalb Frauen in Legionen ins Kino stürmen, um bei Popcorn das anzuschmachten und mit den Augen zu verschlingen, wofür sie jeden normalen 08/15-Mann aber sofort anzeigen würden. Das ist mir 50 Shades of unverständlich und ich glaube auch letztendlich 50 Shades of scheißegal.

Mai 2015:
„Warum googelst du Arschloch
eigentlich alles, was ich erzähle?"

Kennen Sie das auch? Sie befinden sich auf einem Event, wo Sie eigentlich niemanden kennen, aber eine Weile zubringen müssen. Eine Frage der Höflichkeit eben. Also müssen Sie Anstandszeit totschlagen, bevor Sie hoffentlich wenigstens etwas beschickert wieder abziehen dürfen. Was tut der Mensch von Welt in solchen Momenten? Auf den Fundus des gesammelten Halbwissensschatzes bauen und drauflos parlieren. Ein paar Wissensbrocken hier, ein Bonmot da. Was man eben so redet, wenn man nichts zu sagen hat. Im hinter uns liegenden Jahrtausend reichte das sogar oft noch für einen ungeplanten One-night-stand, inklusive dem Versprechen sich auf jeden Fall zu melden. Eigentlich konnte man mit einer ausreichenden Schuldbildung und mit der Methode alt und sogar irgendwie beliebt werden.

Doch dann kamen diese vermaledeiten Smartphones und mit ihnen die Bekloppten, die sie auch alle Backe lang gnadenlos benutzen. Nach dem infantilen und irgendwie putzigen Motto „Kuckmal, ich hab das hier!" zücken diese Zeitgenossen das Teil bei jeder sich bietenden Gelegen-heit – also immer – und zeigen, dass man persönliche Unzulänglichkeit durchaus durch flinke Finger wettmachen kann. Wozu es früher in der Schule nicht gereicht hat, das besorgen einem heute die kleinen Maschinen auf Knopfdruck.

Die Demokratisierung des Wissens ist aber auch zum Abgesang der bis dato gut funktionierenden „Höhere-Töchter-Bildung" geworden. Denn heute passiert es einem, dass man von Gestalten unterbrochen wird, die man vorher noch gar nicht wahrgenommen hatte und die sich jetzt in den Mittelpunkt drängen, um mitzuteilen, dass „das so aber nicht stimmt. Wikipedia sagt dazu blablablabla …" Ich persönlich frage mich dann immer, was deren Mütter wohl während der Schwangerschaft eingefahren haben. Was fällt diesen unsensiblen und nur nach ihren fünf Minuten Ruhm lechzenden Vollpfosten eigentlich ein? Wissen Sie es? Ich leider nicht.

Ich weiß aber, wessen es bedarf, um aus dem Stehgreif und ohne Zuhilfenahme eines Smart-Dings Wissen abrufbar aufbereiten zu können. Das ist nicht mal eben gelangweilt im Wartezimmer die bunten Illustrierten durchblättern und sich hier und da was merken. Das ist Arbeit! Das ist stundenlanges Wälzen von Informationen und Abwägen derselben. Früher tat man das in Bibliotheken. Unter dem Namen verbergen sich auf den Smartphones peinliche Fotos und Filmmitschnitte vom letzten Komasaufen! Heute muss man nicht einmal das Suchwort richtig eintippen. Google findet den Aldi-Querschnitt an Baumschulinformationen auch mit Schreibfehlern. Richtige Recherche ist etwas, wofür Menschen, die davon leben, viel lernen mussten. Das ist mehr als das völlig unbedarfte Herunterladen von x-beliebigen Meinungsäußerungen zu dem jeweiligen Thema. Das Internet ist voll von allem und natürlich auch von seinem Gegenteil. Und niemand macht sich die Mühe, bei Google auch mal auf die zweite Seite zu klicken – vielleicht wären da ja ernsthafte Informationen zu erwarten.

Elvis Presley starb am 16. August 1977. Oder er lebte als Postbote in Alaska oder wurde von seinen Alien-Freunden abgeholt. Andere Quellen besagen, dass es gar keinen Elvis Presley gab – der war nämlich nur eine Erfindung des CIA. Das ist der basisdemokratische Sumpf, aus dem heraus sich Ihre Kinder auf die Schulprüfungen vorbereiten – wenn überhaupt!

Und jetzt entscheiden Sie selbst: Wenn Sie auf einer Party Zeit absitzen müssen – mit wem würden Sie sich lieber besaufen? Mit einem, der noch weiß, was er sagt oder mit einem, der ein schnelles

Handy hat und deshalb zu allem, ein „ja, aber äh …" einwerfen kann. Na?

Juni 2015:
Mit Jochen beim Chinesen

Von meinem Schwager Jochen habe ich ja schon einmal berichtet. Er hat das Down-Syndrom und ab und zu stößt man mit ihm im Schlepptau doch noch an gesellschaftliche Grenzen. So zum Beispiel neulich, als wir mit Jochen und meinem Schwiegervater beim Chinesen essen waren. Es mag ja sein, dass es Menschen gibt, die beim Anblick Behinderter nicht wissen, wie sie sich verhalten sollen.

Die beiden am Nebentisch waren mit Jochens Existenz aber anscheinend völlig überfordert. Das konnte man dem Zischen und Schnalzen entnehmen, welches das Ehepaar absonderte, nachdem Jochen Platz genommen hatte.

Es gibt tatsächlich Leute, die es anscheinend aufgrund ihrer besonderen Sensibilität nicht ertragen können, wenn ihnen ein behinderter Mensch präsentiert wird. Als ob sie Angst hätten, dass die Behinderung ansteckend sein könnte und schon hat man „Mongo-Grippe", weil man mal nicht aufgepasst hat. Die beiden gaben sich Mühe zu zeigen, wie sehr Jochens Anwesenheit ihnen auf den Sack ging. Der Arme musste nur den Mund aufmachen und versuchen etwas zu sagen, da patschten die beiden Gesundheits-Ästheten von hinten los. Dann wurde auch der Kellner heranzitiert und wir konnten hören, dass sie ihn wegen uns nach einem anderen Tisch fragten. Wortfetzen wie „ … bieten lassen …" und „Appetit vergehen …" und „Zumutung …" wehten zu uns herüber. Das ist an sich nicht sehr höflich, aber man kann sich die Leute ja nicht aussuchen, mit denen man das Restaurant teilen muss. Dem Chinesen war es auch egal, wie er höflich grinsend einräumte.

Von dem ganzen Heckmeck hinter seinem Rücken bekam Jochen scheinbar nichts mit und war bester Laune. Im Gegensatz zu mir.

Ich bin an sich kein aggressiver Mensch – ja sogar ein Menschenfreund, als den Sie mich kennen. Aber mir schwoll ganz gehörig der
Kamm und ich wollte mich gerade auf den Weg machen, um den
beiden Ärschen eins zu geigen, da spürte ich die Hand meiner Gattin
auf dem Oberschenkel. Mit stetig zunehmendem Druck. Das kann
zweierlei bedeuten. Einmal könnte sie mir zu verstehen geben wollen, dass sie Interesse an einem spontanen Quickie zwischen über-
quellenden Mülltonnen im Hinterhof des Restaurants hat. Zu ihrer
Ehrenrettung muss ich aber gestehen, dass das bisher noch nicht der
Fall war – wie bei 99,99999 Prozent der Paare. Außerdem glaube
ich nicht, dass das Restaurant überquellende Mülltonnen oder gar
einen Hinterhof vorzuweisen hätte. Also die zweite und überaus
wahrscheinlichere Bedeutung des Oberschenkelschraubstockgriffs:
„Wenn du da hingehst und dich zum Affen machst, wird es einen
Monat lang nur noch Eierravioli aus der Dose geben. Die billigen
vom Discounter und auch nicht erhitzt." Diesen oder einen inhalt-
lich gleichartigen Hinweis gab mir die Geste also. Da ich keine Eierravioli mag, beließ ich es beim Aussenden von Energieschüben,
die bei den beiden Stänkerer eine Todessehnsucht oder zumindest
ein übles Nasenbluten auslösen sollten. Soweit kam ich aber nicht,
denn das weibliche Energieschubopfer erhob sich und steuerte aufs
Buffet zu. Dort meditierte mittlerweile Jochen über dem Warenan-
gebot, weshalb sie auch Missbilligungslaute ausstoßend auf das andere Ende zusteuerte und dort ihren Teller bis über das gewohnte
Maß mit Essen vollpackte. Wahrscheinlich, damit Jochen nicht zwi-
schenzeitlich ihr Essen mit dem Behindert-Virus infizieren kann.
Derart überladen steuerte sie nun den sicheren Tisch neben uns an
und kam genau bis zur Kante des Teppichs. Über die geriet sie ins
Stolpern und – schwupps – entleerte sie ihren Teller großflächig in

den Gang. Mein Schwiegervater, meine Gattin und mein Sohnemann bejubelten diesen Fauxpas wie ein Borussentor in letzter Minute. Am coolsten aber machte es Jochen. Der war nämlich zwi-
schenzeitlich mit einer moderaten Anstandsportion ebenfalls auf
dem Weg zum Tisch, als er bei der Gestolperten anhielt und das
Wort an sie richtete. „Hoppla" lautete sein aufmunternder Kommen-
tar. Dann setzte er grinsend seinen Weg fort, stellte den Teller ohne
zu kleckern ab und setzte sich.

Die beiden vom Nebentisch verließen schnell das Restaurant. Aber
nicht ohne uns einen ganz bitterbösen Blick zuzuwerfen, den wir
aber fröhlich winkend erwiderten.

Was sagt uns dieses Erlebnis? Es sagt uns, dass es überall Menschen
gibt, die es eigentlich nicht geben sollte. Und daraus folgt die Gewissheit, dass es noch ein weiter Weg ist, bis wir in einer arschloch-
freien Welt leben. In diesem Sinne …

Juli 2015:
Von Griechen und Exhibitionisten,
die eigentlich nichts zu zeigen haben

Im TV-Alltag hat eine Truppe Einzug gehalten, die ein gesellschaft-
liches Dilemma mit einer Konsequenz praktiziert, dass die Sendung
schon fast zum Pflichtprogramm für Satiriker werden sollte. Genug
Zeit hätte man ja. Diese Truppe von Egomanen hat sich für ein ganzes Jahr irgendwo im märkischen Heidesand verbarrikadiert und
probt das selbstbestimmte Leben. Die Höhepunkte bekommt man
täglich zur Vorabendzeit präsentiert. Das Ganze ist als „Experiment" getarnt, dem die Texter der Produktionsgesellschaft revolutionäre und umwälzende Auswirkungen auf uns 80 Millionen Deutsche weissagen. Dieselbe Produktionsgesellschaft hat auch schon
Brautpaare in voller Montur um japanische Offroader kämpfen lassen.
Newtopia nennt sich der Quatsch. Ich habe das lustige Treiben eine
Weile lang verfolgt. Obwohl es nichts zu verfolgen gab. Denn da
hocken sich rund 15 selbsternannte Pioniere auf einem Abbruchge-
lände Schwielen an den Arsch und quarzen und saufen sich so durch
den Tag, als ob das eigentlich schon die Pionierleistung überhaupt
sei. Doch als Menschenfreund habe ich diesem „Format" eine Weile
lang meine Aufmerksamkeit gewidmet, um mir eine fundierte Meinung bilden zu können.
Diese Pioniere hocken da also in verschiedenen Raucher-ecken,
brabbeln was von „Visionen" und „Respekt", planen sogar mit
wechselnder Besetzung Umstürze und Putsche, tun aber nichts. Und
da wird es tatsächlich „relevant". Denn es schließt sich für mich der
Kreis zur europäischen Finanzpolitik und unseren griechischen
Freunden. Auch die hocken eigentlich nur in der Raucherecke und

reden wirres Zeug davon, dass sie alles ganz anders machen werden, wenn die anderen erst einmal die Zeche bezahlt haben.

Unter den Pionieren gab es einen, der das ganze Prinzip quasi verkörperte. Ein verfilzter Zausel, angeblich ein Magister in indischer Kunstgeschichte. Er war nur dazugekommen, um allen zu zeigen, dass er mit keinem was zu tun haben will. Und den Kühlschrank leerfressen. Und versuchen, die weiblichen Pioniere zu besteigen. Ist ja ein gesellschaftsrelevantes Experiment. Als er dann Publikum und weibliche Pioniere wahlweise als dreckige oder vertrocknete „F(*PIEEEP*)" und „N(*PIEEEP*)" bezeichnete, wurde er an die Luft gesetzt. Dann kam er wieder. Und dann flog er raus, weil der Vollpfosten vor laufenden Kameras gekifft hatte. So weit sind die Griechen und ihr seltsamer Finanzminister noch nicht – zumindest, was die PIEEEP-Wörter betrifft. Außerdem würde Mutti ihm dann gehörig eins hinter die Löffel geben. Aber so wie wir alle ist auch Mutti nachgiebig. Und deshalb wird sie wieder und wieder zuhören, das Verstreichen von Ultimaten zur Kenntnis nehmen und uns vorgaukeln, dass wir doch noch die Kurve kriegen.

Diese überflüssige Pioniersendung ist wie das Griechenlandproblem leider ein Spiegel unserer Zeit. Denn heute genügt es, mal ausgiebig seinen Darm auf dem Verhandlungstisch zu entleeren und dann herumzutönen, man warte auf akzeptable Vorschläge, und zwar schleunigst! Vielleicht können wir alle aber etwas tun, um diese unheilvolle Entwicklung zu stoppen. Es ist ganz einfach: Wenn es demnächst im Darm rumpelt, gehen wir alle dorthin, wo man sich des Problems ohne öffentliche Kenntnisnahme entledigen kann. Und mit leerem Darm und mehr oder weniger freiem Kopf widmen wir uns dann den anstehenden Aufgaben. (Jetzt kommt im

Fernsehen die Stelle, wo alle im ausgestrecktem Arm und flattern-
der Hand im Kreis stehen und brüllen „Newwwwww-Topia!!!" Das
ist so geil!)

August 2015:
Vom Erwachsenwerden
und Biertittenshirts

Das Bild, das man von sich selbst hat, ist ja durchaus nicht dasselbe, das andere von einem haben. Gerade im Som-mer kommt dieses Missverhältnis oft gnadenlos zum Vorschein. Da sieht sich mancher als durchaus attraktiv an und will dies auch in die Welt hinaus tragen. Also fallen Hüllen und der Umwelt werden Ansichten zugemutet, die durchaus vermeidbar wären. So sind zum Beispiel Muskelshirts bei Männern eigentlich selbsterklärend. Muskel plus knappes Shirt gleich „Muskelshirt". Hießen die Dinger „Biertittenshirts" oder „Schwabbelcover", wäre das was anderes. Vielleicht sollten sich viel mehr Leute darüber im Klaren sein, dass das Selbstbild sich nicht automatisch in die Wahrnehmung und damit in die Köpfe der Menschen drängt, mit denen sie ein und dieselbe Realität teilen.
Bei Frauen verhält sich das aber auch so. Der kurze Rock und das ständige Herumschleudern der auf frech getrimmten Extensions macht aus der schwitzenden Hausfrau im Biergarten noch lange keine Pretty Woman, der man die ekligen Haarfussel im Bier oder auf der Brotzeit nur zu gerne verzeiht.
Ich kann so bedrohlich und entschlossen durch den Baumarkt stapfen wie ich will und düstere Blicken um mich schleudern – dadurch bekomme ich weder schneller eine der begehrten Audienzen beim vorbeihastenden Fachpersonal noch bewundernde Blicke der übrigen bemitleidenswerten Heimwerker, die mich eigentlich für einen anbetungswürdigen Profi halte sollten. Das liegt aber vielleicht auch daran, dass ich meine Frau und meinen Sohn bislang noch überreden konnte, hinter mir zu laufen und in einer Endlosschleife „Jaja, Yippi-Yippi-Yeah" zu singen.

Damit wäre ich auch schon bei meiner Familie. Sie ahnen es: Es wird persönlich. Wer also nicht wirklich zu ehrlicher Anteilnahme gepaart mit einer ordentlichen Dosis Verständnis und einem Hauch Mitleid in der Lage ist, für den ist die Reise hier beendet. Es gibt noch einen kleinen Witz zum Abschied, und zwar diesen: „Was haben der Adler und der Maulwurf gemeinsam? Na?? Sie leben beide unter der Erde – bis auf den Adler." Und tschüss bis September.

Wenn Sie noch weiterlesen, beweisen Sie Empathie in der von mir oben beschriebenen Dosierung. Und Sie will ich gerne an meinem Erlebnis teilhaben lassen. Neulich belauschte ich nämlich meine lustige Kleinfamilie – Sohn und Göttergattin – bei einem Gespräch in der Küche. Ich kam gerade um die Ecke und wollte eigentlich mit dem gewohnten Fingerspitzengefühl in die Situation platzen und ungefragt erzählen, was ich alles beim Gang über den Marktplatz erlebt hatte, als ich von einem plötzlichen Impuls geleitet innehielt und die Ohren spitzte. Die beiden waren gerade vom Hölzchen aufs Stöcksken gekommen und ich hörte meinen Sohn, der auf die ihm eigene Art folgendes postulierte.

„Wenn ich erwachsen bin, will ich so werden wie Papa."

Sie können sich vorstellen, welche Wonneschauer des Stolzes mich durchfluteten. Ich hatte schon Angst, ich könnte vor Rührung auf dem Flur das Bewusstsein verlieren und herniedersinken. Doch da holte nach einer kleinen Pause die Stimme meiner Frau mich auf den Boden der Tatsachen zurück.

„Das ist lieb von dir", sagte sie mit sanftem Ton zu unserem Stammhalter. Und ich sah förmlich vor meinem inneren Auge die zärtliche und doch auch traurige Geste, mit der sie sanft seine Wange streichelte. „Aber da musst du dich entscheiden. Beides geht nicht!"

Sie können sicher verstehen, dass da schon eine Welt ins Wanken geriet. Und jetzt verstehe Sie auch, dass ich diesen Teil meiner Kolumne nur Menschen mit der Fähigkeit zur Anteilnahme vorenthalten musste. Aber wissen Sie, was ich als praktizierender Menschenfreund getan habe? Nachdem ich mich schweigend von diesem Schock erholt hatte, bin ich in den Keller gestiefelt, denn da steht ein Altkleidersack. Aus dem habe ich mein gutes altes Muskelshirt geholt, mit dem ich weiland immer die Mägdelein beeindrucken konnte, habe es mir angezogen (irgendwie war es eingelaufen) und mir draußen schön ein paar Bierchen gekippt.

September 2015:
„Ich bin ja kein Nazi, aber ..."

... aber was? Was ist einer, der Menschen abweisen will, die aus Furcht um ihr Leben oder der Hoffnung auf eine bessere Zukunft zu uns geflüchtet sind? Wie nennt man einen, der medienwirksam seinen Hass auf Fremde laut grölend in jede Kamera plärrt und dabei vorgibt, das in Ihrem und auch in meinem Namen zu tun? Wie nennt man den? Vielleicht „Vollpfosten"? Neuerdings nennt man solche Leute „Asylkritiker". Und dieses Etikett tragen sie vor sich her, voller Stolz auf ihren Hass gegen alles Fremde, Dunkle, Andersaussehende oder –riechende. „Schaut her, ich habe was zu sagen!" Der praktizierende „Asylkritiker" weiß, vor wem er sich in Acht nehmen muss. Zum Beispiel vor der sogenannten „Lügenpresse". Würde diese vor allem zum Lügen produzierte Medienvielfalt schreiben „Boah, die Asylanten, die sind alle verlaust und bah!", dann würde der Asylkritiker natürlich das Hohelied der Pressefreiheit singen. Tut sie aber nicht. Die Presse tut, was sich gehört: Sie berichtet objektiv und hält einigen Protagonisten den Spiegel vor. Und was die da sehen, wollen sie selbst nicht so recht glauben. Und wenn man was nicht glauben kann, dann hat die vermaledeite Lügenpresse ihre dreckigen Finger im Spiel. Das ist an sich ganz einfach.
Asylkritiker sind auch einfach nur missverstanden. Sie sorgen sich doch nur. Um die Arbeit der Deutschen und ihre Kultur. Mal im Ernst: wer es schafft, sich von einem heimatlosen Nordafrikaner ohne Sprachkenntnisse, Führerschein oder festen Wohnsitz, geschweige denn einer permanenten Aufenthaltsgenehmigung oder Kenntnissen der hiesigen Gepflogenheiten den Job wegnehmen zu lassen, dessen Problem hat schon Jahrzehnte früher begonnen. Und zum Thema Kultur ... lasse ich mich nicht aus. Doch! Ich tu´s: Was

fällt diesen Asylkritikern ein, sich auf deutsche Leistungen in Literatur, Wissenschaft und Philosophie zu berufen, die teilweise Jahrhunderte zurückliegen, gleichzeitig aber das Dritte Reich und Hitler weit von sich zu weisen, weil „ey, das ist doch Asbach. Mindestens 70 Jahre her. Da kräht doch kein Hahn nach"? Glauben die allen Ernstes, die Leistungen eines Schopenhauer, Hegel oder Kant wären denen quasi mit der Muttermilch übertragen worden? Was fällt denen ein?

Warum soll ihr verblendeter Hass salonfähig sein? Warum ist das auf einmal „Bürgerrecht" und „Meinungsfreiheit", wenn die Mehrheit dieser Köppe diesen unseren Staat an sich völlig ablehnt, der ihnen diese Rechte gewährt? Und wir sollen weiter zuhören oder wegschauen, wenn der Mob wieder die Straßen erobert? Heute sind es die Asylanten, aber die gibt es ja nicht immer vor die Flinte. Und weil man gerade so geil draufsteht, macht man eben Jagd auf Väter mit Kindern, die einem „irgendwie verdächtig" vorkommen. Da geht man dann mal hin und schlägt den Mann vor den Augen seines Kindes zusammen, weil er sich nicht vor solchen Primaten erklären will. So geschehen dieser Tage mitten in Deutschland.
In Dortmund fahren Rechtsradikale in öffentlichen Verkehrsmitteln Streife, damit Leute wie Sie und ich uns sicher fühlen. Außer wir sind Väter und denen irgendwie suspekt. In den sozialen Netzwerken jeder Art kursieren Posts, in denen Menschen mit erschreckender Recht-schreibung stolz postulieren, was sie mit „den Negern und Moslems" machen würden und erklären gleich in einem Atemzug mit, man könne sie ja melden. „Für meine Meinung kann mir keiner was! Mir geht es um Deutschland!" Ich bin aber nun einmal Deutschland ebenso wie Sie Deutschland sind. Haben diese Menschen Sie oder mich gefragt, ob sie das alles für mich und quasi in

meinem Auftrag tun sollen? Ich kann mich nicht erinnern. Und deshalb untersage ich diesen Menschen, in meinem Namen Flüchtlinge zu attackieren. Zumal die Großeltern vieler Asylkritiker vor rund 70 Jahren selbst als „Rucksackdeutsche" hier angekommen sind und eine Heimat gefunden haben. Da waren sicher auch einige unangenehme Gestalten bei, die trotzdem integriert wurden. Sie sehen: Erinnern ist derzeit wichtiger denn je. Denn der ganze Dreck, der unsere Großeltern oder Urgroßeltern schon einmal in den Abgrund gerissen hat, sammelt sich wieder in den dunkeln Ecken Ihrer Stadt ebenso wieder an wie bei mir um die Ecke. Wir müssen uns erinnern, wie er aussieht, damit er nicht salonfein wird. Ich hab mal irgendwo gelesen, dass man heutzutage in einer normalen Stadt statistisch nie mehr als fünf Meter von der nächsten Ratte entfernt ist. Wie sieht das eigentlich mit Asylkritikern aus?

Oktober 2015:
Ein Abgesang auf den Sündenbock

Der einzelne Mensch steht dem Leben ja oftmals hilflos gegenüber. Überall gibt es Regeln und Gesetze, an die man sich halten muss. Allenthalben stößt man auf Grenzen, die man nicht erwartet hätte. Da steht man zum Beispiel nichts Böses im Schilde führend mit ein paar angetrunkenen Mitbürgern vor einem leerstehenden Baumarkt und beschimpft die dort gerade weilende Kanzlerin als „F**ze" und sonstwie – und ein paar Tage später muss man sich wundern, dass man vom Arbeitgeber ins Büro zu einem Gespräch unter vier Augen gebeten wird. Na, und dann fällt man aus allen Wolken, wenn der so mir nichts dir nichts das Anstellungsverhältnis beendet. Da steht man dann vor seinem ehemaligen Arbeitsplatz und wundert sich und denkt „Ja, nanu" oder auch „leck mich am Führerbunker". Nein, das sei keine Meinungsfreiheit, musste man sich belehren lassen. Und doof noch dazu, weil man den Mann mit der Kamera doch wohl gesehen hat und sich hätte denken können, dass Männer mit Kameras tun, was Männer mit Kameras tun müssen, nämlich aufnehmen. Zum Beispiel ihn und seine große Fresse. So geschehen nach dem Schaulaufen der sogenannten Asylkritiker im sächsischen Heidenau.

„Gemach, gemacht", möchte ich Ihnen sagen, bevor Sie jetzt wahlweise in Häme oder Mitleid ausbrechen. Es geht heute nicht primär um diejenigen, die nach eigenem Bekunden ja keine Nazis sind, aber immer ein „Aber" an diese an sich erfreuliche Botschaft hängen müssen. Die dürfen als Beispiel herhalten für ein Prinzip. Nämlich das Prinzip des Sündenbocks.

So ein Sündenbock ist eine feine Sache und findet seine Ursprünge in der vorchristlichen Kultur. Am Jom Kippur, dem Tag der

Sündenvergebung im Judentum, wurden die Sünden, die die Mitglieder des Volkes begangen hatten, symbolisch auf einen Ziegenbock übertragen und der dann mit Schimpf und Schande in die Wüste gejagt. Theologisch betrachtet ist dieser überlieferte Jahrtausende alte Brauch übrigens der Ursprung des dualistischen Gottesbild und ist damit eine der ältesten Wurzeln der modernen Gesellschaft.

Und das hat man mit dem oben erwähnten Asylkritiker im übertragenen Sinne auch getan. Vollgepackt mit den Verfehlungen der anderen und ab dafür. Raus den braunen Pöbler und Problem beseitigt. Problem beseitigt? Wohl kaum. Denn der geschasste Asyl- und Kanzlerinnenkritiker sieht sich natürlich als Sündenbock. Wo er doch nur seine Meinung gesagt hat und auch nicht wissen konnte, dass man eine Kanzlerin nicht als „F**ze" bezeichnen darf. Und überhaupt hat er sich doch für uns alle so ins Zeug geworfen. Und was ist der Dank? Unverschuldete Arbeitslosigkeit und der damit verbundene Zwang, nun schon morgens Unterschichtenfernsehen zu schauen und mit der ersten Fuhre Alkohol nicht bis Feierabend warten zu dürfen. Na danke! Und schon ist ein Sündenbock geschaffen worden, der stellvertretend für tausende Schwachköpfe geopfert wird. Weil er aber kein meckernder Paarhufer ist, ist er sich dessen, was da mit ihm passiert, durchaus bewusst. Und vielleicht erinnert er sich an die Definition des Religionsphilosophen René Girard, der den sogenannten „Sündenbockmechanismus" beschreibt als wichtiges und sogar konstruktives Vorgehen, „wenn die Gemeinschaft innerlich zerrissen ist oder sich von einer Katastrophe bedroht fühlt. Indem eine falsche kausale Verbindung zwischen Bedrohung und dem ausgewählten Sündenbock hergestellt wird, kann das Übel veräußert und die Gemeinschaft wieder geeinigt und stabilisiert werden". Und schon bekommt das Prinzip des Sündenbocks einen Sinn.

Sollten wir nicht einfach alle menschenverachtenden Krakeeler bloßstellen und aus dem Schutz der Herde an die Öffentlichkeit zerren und ihnen eine Narrenklappe aufsetzen? Zumal sie es ja auch noch verdient haben. Das würde dann zu oben beschriebener Stabilisierung führen und allen wäre geholfen. Letztendlich sogar den Sündenböcken – obwohl die das erst viel später verstehen würden.

Praktizierender Menschenfreund, der ich nun einmal bin, verlange ich gar nicht, dass solche Bekloppten in die Wüste gejagt werden. Erstens haben wir hier keine richtig coolen Wüsten und zweitens würden die ja doch irgendwo Unterschlupf suchen und wem will man solche Gesellen denn zumuten? Aber schön, dass es den „F**ze"-Schreier von Heidenau gibt. Vielleicht achten Sie in nächster Zeit einfach mal darauf, was die Menschen in Ihrer Umwelt so von sich geben. Die müssen am Ende ja noch nicht einmal arbeitslos sein. Es reicht, wenn sie sich für ihre Auswürfe mal ordentlich schämen. Das wäre ein Anfang. Und es hat einen Namen, nämlich „Zivilcourage". Wenn wir die alle an den Tag legen, brauchen wir irgendwann keine Sündenböcke mehr. Das wäre doch mal was.

November 2015:
Finger weg von meinen Tomaten,
du Hobbyfranzose!

Urlaub ist ja was Feines. Man lernt Land und Leute kennen und nimmt ja auch immer irgendwas mit, wenn man dann wieder in der Heimat ankommt. Nur leider nicht immer Gutes. Oft werden Verhaltensweisen kopiert, die man vielleicht gar nicht verstanden hat.

Ich zum Beispiel neige nach der Rückkehr aus Südfrankreich dazu, endlos lange am Gestade des nächstbesten Baggerlochs zu stehen und den Blick schweigend schweifen zu lassen. Das habe ich am Mittelmeer so gemacht, umgeben von älteren Franzosen, die gleiches taten – also tue ich das auch hier. Meine Gattin lässt mir gerne ein paar solcher Auftritte, bis sie mir erklärt, dass es irgendwie lächerlich wirkt, zumal die Weite des Wassers ja nach zwanzig Metern an einem Kieshügel endet. Dann lasse ich es nach und nach wieder, bis es das nächste Mal nach Südfrankreich geht und ich mich murmelnd und rauchend zu den einheimischen Gestade-Stehern geselle.

Das ist an sich ein bisschen bescheuert, aber ich tue ja keinem was. Andere bringen hingegen sich und Dritte durchaus in Gefahr. Zum Beispiel die lebenslustige junge Frau, die nach mehrmonatigem Parisaufenthalt beschlossen hat, auch hier einfach auf die Straße zu rennen, ohne den Verkehr eines Blickes zu würdigen. In Paris mag das klappen. Zumal es ja die einzige Möglichkeit ist, überhaupt die Straßenseite zu wechseln. Der Pariser Autofahrer weiß aber um diese Marotte der Passanten und ist dementsprechend auf solche Vorfälle mental vorbereitet. Der normale Niederrheiner aber nicht! Der wähnt sich mit den Passanten im vermeintlichen Konsens, dass sie selbst dafür verantwortlich sind, dass ihnen beim Versuch der

Straßenüberquerung kein körperliches Leid widerfährt. Pustekuchen, Mademoiselle Parisienne springt ihm quasi mir nichts dir nichts vor die Motorhaube und belehrt ihn eines Besseren.

Andere ziehen Verärgerung auf sich, weil sie abends im Supermarkt bis zum Exzess praktizieren müssen, was sie im Süden auf dem Wochenmarkt beobachtet haben: Das hemmungslose Befummeln und Betatschen von frischer Ware. Als ob die nicht schon genug Petting hatte, bevor sie im Obst- und Gemüseregal landet. Im Gegensatz zu frisch im Süden geernteten und vom Bauern persönlich noch am selben Morgen auf den Markt verfrachteten Tomaten ist die gemeine deutsche Supermarkttomate in einem zertifizierten Zustand. Die braucht man nicht zu befummeln und anzuritzen, um geheime Informationen zum Frischegrad aus dem Tomatengedärm zu holen. Und auch nicht ihre sechsundneunzig Schwestern, die alle derselben Prozedur unterzogen werden, bevor dann fünf auserwählte Tomaten unzerquetscht in der Plastiktüte landen.

Warum zerquetscht jemand Früchte, die er dann wieder wegwirft, um dann andere Früchte zu kaufen? Erschließt sich Ihnen das? Mir nicht. Aber Sie können sich denken, was nun kommt. Denn natürlich erzähle ich Ihnen nicht grundlos von diesen Zeitgenossen.

Vor wenigen Tagen begegnete ich gleich zweien im Supermarkt meines Vertrauens. Quasi zeitgleich steuerten wir mit unseren Einkaufswagen auf die zahlenmäßig schon dezimierten frischen Tomaten zu. Menschenfreund, der ich nun einmal bin, gewährte ich ihnen mit einer freundlichen Geste Vortritt. Fehler! Denn prompt begannen beide nun in aller Seelenruhe und mit deutscher Akribie mit dem Zerquetsch-Ritual. Angesichts der geringen Zahl der Tomaten sah ich nun meinen Einkauf gefährdet und fragte höflich, was das denn wohl zu bedeuten habe und ob sie mir ein paar Früchte übrig lassen könnten.

Sie strafte mich mit einem Blick, als ob ich ihr ein obszönes Angebot gemacht hätte. Er patschte missbilligend und steigerte seine Bemühungen noch, möglichst viele der armen Tomaten zu schänden. Als sie dann abzogen, blieben tatsächlich ein paar für mich übrig. Ich muss gestehen, dass mich das dann irgendwie angefressen hat. Und vielleicht war es ja die zweite Begegnung, die dann dem Fass die Krone in Gesicht schlug. Da standen die beiden nämlich am Weinregal und hatten gerade eine Flasche Bio-Tempranillo aufgeschraubt, um seinen Geruch fachmännisch zu testen. Da verlor ich dann das Gleichgewicht und musste mich abstützen, um nicht umzufallen. Nur leider mit der flachen Hand in ihren Einkaufswagen und auf die Tüte mit den Tomaten – da konnte ich quasi nichts für. Als ich dann sah, was für eine Matsche sich da in der Tüte befand, trat ich beschämt den Rückzug an. Zum Glück hatten sie es nicht bemerkt.

Dezember 2015:
Ich bin dann mal weg

Das ist sie also, die allerletzte Kolumne, die Sie von mir zu lesen bekommen. Mit ihr werde ich mich nach immerhin viereinhalb Jahren von Ihnen verabschieden und meiner Wege ziehen. Das hat Gründe. Gute sogar. Und es ist nicht die Zahlungsmoral der Guru-Redaktion. Die ist mir mit Mann und Maus und Mediaberater so richtig ans Herz gewachsen. Die Redaktion, nicht ihre Moral. Wenn ich nur jünger und ein bisschen reicher wäre, würde ich den ganzen lieben Haufen glattweg adoptieren. Die hätten sich dann alle „Wichlatz" zu nennen und mich „Papa" – oder „Vati", falls jemand dort ostdeutsche Wurzeln hat. Die Bewohner von Pedida-Land nennen den Papa gerne Vati. Weiß der Geier warum. Vielleicht, weil es den Vater dann etwas süßer und putziger erscheinen lässt, wenn er ratzbesoffen von seinem Montagsspaziergang durch Dresden zurückkommt und dann auf dem Sofa den nationalen Rausch ausschläft. Keine Ahnung und ehrlich gesagt auch völlig egal. Sollen die ihre Erzeuger doch nennen, wie sie wollen. Denn hier und heute geht es um uns – Sie und mich. Ich hoffe sehr, dass ich Sie mit meinen Beiträgen das eine oder andere Mal zum Nachdenken, Schmunzeln oder gar Lachen gebracht habe. Nachdenken wäre mir am liebsten. Aber das ist etwas, das man heutzutage nicht von jedem erwarten kann. Die Aufforderung „Denk doch mal nach" wird ja von vielen Zeitgenossen als quasi unschicklich empfunden. Gerade so, als ob ich „Mach dich nackisch, damit ich dich nach Herzenslust *#&%****\$§ und auch §§%#**** kann" gesagt hätte. Der Entschluss hat Gründe. Und die haben ihre Wurzeln unter anderem in dem Jahr 2015, das nun zum Glück endet.

Wenn man früher an ein zurückliegendes Jahr gedacht hat, dann dachte man an Partys, Urlaube und Liebschaften. Vielleicht an einen

beruflichen Wechsel oder das Erringen der einen oder anderen Fuß-
balltrophäe auf internationalem Parkett. Da denkt man gerne dran
zurück. Und was ist mit diesem Jahr? Woran wollen und werden Sie
zurückdenken, kurz nach Mitternacht am 1. Januar 2016, der übrigens ein Freitag sein wird. Ich habe mir die Frage schon etwas früher gestellt – Visionär, der ich bin, muss ich der Zeit immer etwas
voraus sein – und bin zu einem erschreckenden Ergebnis gekommen. 2015 war nämlich, wenn man es mal ehrlich betrachtet, ein
richtiges Scheißjahr. Ich möchte jetzt keinem auf die Füße treten.
Schließlich kann es ja sein, das der eine oder andere in diesem Jahr
geheiratet (oder sich endlich getrennt) hat oder zum ersten Mal seinen Stammhalter in den Armen wiegen konnte. Aber davon abgesehen, was bleibt hängen? Das Jahr begann damit, dass in Paris die
Redaktion von Charlie Hebdo fast völlig ausgelöscht wurde. Weil
ein paar Bekloppte meinten, sie hätten einen besonders guten Draht
zu Gott und deshalb das Recht, Menschen zu töten, die über ihn
Witze machen. Wenn jemand wirklich glaubt, dass seine Religion
ihm erlaubt Menschen zu töten, dann möge er doch bitte stets mit
sich selbst beginnen! Dann nahm diese idiotische Pegida-Bewe-
gung, die wir schon am Ende wähnten, erst richtig Fahrt auf und
gebar Monster wie die „Fotze"-brüllende Krankenpflegerin und den
galgen-schwingenden Patrioten. Auf einmal war es chic, wenn man
im Straßencafé Sachen rausgehauen hat, für die Opa weiland noch
in den Keller gegangen ist. Auf einmal gab es Millionen von Wie-
dergängern aus dunklen und längst vergangenen Tagen. Und den
depressiven Copiloten, dem es nicht reichte, seinem eigenen Leben
ein Ende zu setzen. Nein, der selbstverliebte Spinner haute gleich
an die 200 Menschen ins Juramassiv. Sich einfach so vor einen Zug
zu werfen reicht ja heute nicht mehr. Es reicht den testosteronbesof-

fenen Jungmännern auch nicht mehr, irgendwen einfach nur umzuhauen. Heute muss man den Leuten noch auf den Kopf springen und sich dabei mit dem Handy filmen lassen, damit es noch geiler rüberkommt. Gehören die nicht alle in Wirklichkeit kastriert?

Aber es geht ja auch unblutiger. Da verursacht zum Beispiel die Eisenbahnergewerkschaft einen Milliardenschaden durch ihren Scheißstreik um ein paar Hunderter mehr in der Tasche. Und ihr Anführer sonnt sich in der medialen Anteilnahme und hält sich für Gott seinen kleinen Bruder. Solche Beispiele gibt es zu Hauf. Da hab ich die Selbstmontage des DFB, neben der katholischen Kirche und Volkswagen die einzig „ewige" Instanz im Lande, noch nicht einmal angeschnitten. Apropos Volkswagen .... Ach, nee. Vergessen Sie es. Lehnen Sie sich mal entspannt zurück und denken Sie an 2015. Sie werden erstaunt sein, was da alles zusammenkommt. Und noch erstaunter werden Sie sein, wenn Sie feststellen, dass Sie das meiste schon wieder vergessen haben. Wir stumpfen ab. Wir werden zu wechselgeschalteten Angst- und Ignoranzmaschinen. Hier rein, da raus. In der Mitte Angst. Ich wünsche uns allen, dass diese Störung mit dem Jahr 2015 am ersten Freitag des Jahres 2016 der Vergangenheit angehört. Vielleicht kann ich mich dann irgendwann wieder als Menschenfreund dem Menschen widmen und ihn liebevoll porträtieren. Ihnen wünsche ich alles nur erdenklich Gute und bleiben Sie einander gewogen. Nur so klappt es nämlich auch mit dem Nachbarn. Vielleicht bis irgendwann mal,

Ihr
Helmut Wichlatz

Outtakes:

Schön, dass man mal
drüber gesprochen hat

„Du kümmerst dich doch um jeden Straßenköter mehr als um mich! Ich bin dir doch herzlich egal." Rumms, mit diesem Statement eröffnete meine geliebte Herzensholde neulich abends ohne weitere Vorwarnung das Feuer auf mich, als ich mich gerade nach einem langen Arbeitstag auf dem Sofa ausgestreckt hatte und in diesen wunderbaren Dämmerzustand gefallen war, der dem TV-berieselten Schlaf vorangeht. „Häääh????", dachte ich schlagfertig, wie ich nun einmal bin und versuchte gleichzeitig zu ergründen, was zwischen „Schatz, ich fahre mal eben zum Supermarkt" und „Weißt du, wie sehr mir dein Egoismus auf die Nerven geht?" passiert sein könnte. Ich kam nicht drauf. Dafür fühlte ich mich von jetzt auf gleich wie die schlachtreife Sau, die mit brennender BILD-Zeitung im Allerwertesten durch des Metzgers Küche getrieben wird. Was auch immer ich zu erwidern versuchte, wurde zum Bumerang, der sich automatisch gegen mich selbst richtete. An sich habe ich nichts dagegen, in regelmäßigen Abständen an alle Fehler erinnert zu werden, die ich mir im Laufe der letzten zwanzig Jahre geleistet habe. Allerdings weiß ich schon gerne, weshalb mir diese Ehre zuteilwird. So spontan entschied ich mich für geordneten Rückzug.

Während mir also noch die Kugeln und Schrapnells um den Kopf flogen, tauchte ich mit einem gekonnten Rettungssprung ab und robbte schnellstmöglich auf sicheres Terrain, sprich ins Bett. Dort angekommen gab ich mich noch eine Weile dem fruchtlosen Versuch hin, das Geschehene zu verstehen und eine irgendwie geartete Logik darin zu entdecken, worüber ich einschlief. Schließlich kam mir die Erkenntnis, was mir da am Abend zuvor widerfahren war, am nächsten Morgen. Und das kam so: Als ich ins Auto stieg, um zur Arbeit zu fahren, entdeckte ich auf dem Beifahrersitz ein großes Stück Plastik in der Form der Provinz Zeeland. Irritierend daran war, dass es dieselbe Farbe hatte wie unser Auto. Sie kennen mich, ich bin ein Menschenfreund. Also dachte ich an nichts Schlimmes, bis ich in der Firma ankam und auf dem Parkplatz um das Auto ging. Da schau an: Die hintere Stoßstange war in einem bemitleidenswerten Zustand. Nicht nur dass zentral an exponierter Stelle ein Stück in der Form der Provinz Zeeland fehlte. Von deren Gestaden aus verliefen auch einige Risse in alle Richtungen, die das gesamte Konstrukt nutzlos und unschön aussehend machten. Und da dämmerte es mir endlich. Zum Glück hing und hängt mein Herz nicht sonderlich an dieser Stoßstange. Vielmehr war ich froh, endlich auf des Rätsels Lösung gestoßen zu sein und das seltsame Verhalten meiner lieben Gattin einordnen zu können. Nicht Tollwut war die Ursache, wie ich eine Zeitlang vermutet hatte, sondern schlechtes Gewissen. Und dass sie nach all den Jahren mit mir zu solchen Regungen noch in der Lage ist, ließ mir schlagartig warm ums Herz werden und das Scharmützel des Vorabends war ebenso schlagartig vergessen.

In diesem Zusammenhang fällt mir ein Witz ein: Stehen zwei Männer im Aufzug. Auf einmal rümpft der eine die Nase und sagt angewidert und anklagend zum anderen: „Sagen Sie mal, haben Sie einen fahren lassen?" „Natürlich", antwortet dieser empört. „Oder glauben Sie etwa, ich stinke immer so?" In diesem Sinne: Schön, dass man mal drüber gesprochen hat.

Fußball ist Männersache

„Schatz, schieb doch mal bitte deinen Hintern aus dem Bild." Der Satz steht im Raum und somit zwischen meiner Göttergattin und mir. Da wirkt das hinterher geschobene „Und kannst du mir bitte noch eines von deinen leckeren Sandwiches machen?" schon fast versöhnlich. Ohne dein Sandwich wird unsere Elf das Viertelfinale nie erreichen. Und natürlich trollt sich Schatz auch gleich in die Küche, um dort zuerst einmal richtig sauer zu sein und dann natürlich das Sandwich zu machen. „Typisch Mann", mag jetzt vor allem die weibliche Leserschaft denken. „Scheucht seine Frau durch die Gegend, während er selbst es sich auf dem Sofa bequem gemacht hat und das Spiel anschaut. Bloß nicht bewegen, dafür gibt es ja Schatz." Und wissen Sie was, liebe Leserinnen? Ich bin da ganz Ihrer Meinung. Dieses Chauvi-Getue geht mir ganz gehörig auf den Zeiger. Nur ist in diesem Falle meine Göttergattin der Chauvi und ich bin der Schatz, der seinen Allerwertesten aus dem Bild schieben soll. In der Küche schenke ich mir erst einmal ein Glas Wein ein und denke darüber nach, eine ordentliche Szene zu machen. Mich so zu behandeln, also so was! Und das nur, weil ich so gar keine Lust auf das Spiel habe. Ich finde nachmittags Fußball im Fernseher anzuschauen eben irgendwie unpassend. Meine Göttergattin nicht. Im Gegenteil, sie fühlt sich auf meinem Platz sehr wohl. Neben ihr liegt die Macht in Form der Fernbedienung, daneben steht die Flasche Bier. Und ich stehe in der Küche und bestreiche Toastscheiben mit Remoulade, lege ihren Lieblingskäse und ein Salatblatt sowie ein paar Tomatenscheiben darauf. Wenn mir der Sinn nach Sex stehen würde, hätte ich die obere Toastscheibe mit einem Ketchupherz verziert. Aber das spare ich mir, denn die erste Halbzeit ist gerade mal eine Viertelstunde alt. Da würde es auch noch nichts bringen, in Strapsen durchs Bild zu stolpern.

Sitzpinkeln für Fortgeschrittene

Zwischen mir und meiner Göttergattin tobt seit geraumer Zeit ein Stellungskrieg der besonderen Art. Es geht ums Pinkeln. Mein Pinkeln. Denn ich muss zugeben, dass ich bis vor kurzem noch ein überzeugter Standpinkler war. Und meine Gattin – wie sollte es anders sein – eine entschiedene Verfechterin des Sitzpinkelns, was ihr ja auch anatomisch durchaus entgegenkommt. Ein geübter Blick auf die hochgeklappte Klobrille zeigt ihr sofort, dass und vor allem wie ich mich erleichtert habe. Die endlosen Diskussionen und Ermahnungen haben immerhin mittlerweile dazu geführt, dass ich mich tatsächlich hinsetze. Denn es ist hygienischer. Tut mir leid, Männer. Man stelle sich einmal vor, wie weit und wohin die kleinen Tröpfchen fliegen, wenn man die Formel „Einfallwinkel gleich Ausfallwinkel" im Hinterkopf hat. Das ist ziemlich eklig und hat mich überzeugt, denn seitdem sitze ich ganz emanzipiert beim Wasserlassen und habe sogar noch beide Hände frei für ein Buch oder eine Zeitschrift. Dass unser oben erwähnter Stellungskrieg längst gewonnen und beendet ist, sage ich meiner Holden nicht. Denn wenn ich fertig bin, klappe ich die Klobrille natürlich hoch und lasse die Tür weit geöffnet. So kann sie es gleich sehen und sich ein bisschen über mich ärgern. Ich liebe es zu wissen, dass sie an mich denkt.

Ebenfalls sehr zu empfehlen:

Das Jubiläum ihres Gymnasiums führt den Rockstar Luc Martens, das Model Ellen Kamps und den Wirtschaftsboss Bernd Jacobs zurück nach Erkelenz. In der Kleinstadt erwartet sie ihr Schicksal. Doch noch jemand wartet schon sehnsüchtig: Berger, der verurteilte Mörder und Bankräuber. Er hat noch ein Hühnchen zu rupfen mit den dreien.
Als Luc Martens tot aufgefunden wird, gerät Berger ins Fadenkreuz der Ermittlungen. Kommissar Benjamin Becker macht sich mit dem Journalisten Markus Müller auf die Suche nach der Wahrheit.

Taschenbuch, Sutton Verlag, 208 Seiten, € 12,99,
ISBN 978-3-95400-566-6

„Zwei Hurensöhne" ist nach dem Erstlingswerk „Mordsclique" ein
Krimi, mit dem Wichlatz aus dem Rahmen fällt. Denn es ist scheinbar unmöglich, einen positiven Helden in der Geschichte zu finden, dem man gerne die Daumen drücken will. Oder gibt es in der
Gemengelage doch noch jemanden, der sich einen Rest Anstand
bewahrt hat? Kommissar Becker, der dem mörderischen Duo auf
den Fersen ist, kennen manche Leser noch aus der „Mordsclique".
Diesmal scheint aber auch er mit dem linken Fuß zuerst aufge-
standen zu sein.

Taschenbuch, 252 Seiten, € 9,99
ISBN 978-3-74674-400-1

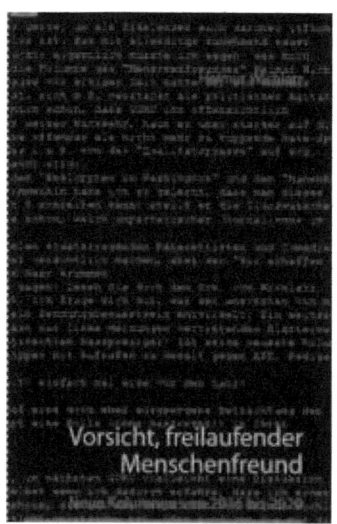

„Vorsicht, freilaufender Menschenfreund!" ist der zweite Band
mit Kolumnen aus dem Guru-Magazin. Diesmal stammen die
Texte aus den Jahren 2016 bis 2020.

Taschenbuch, 140 Seiten, € 9,99
ISBN 978-3-75198-502-4